HEYNE

Wer weiss denn sowas?

Warum sind Bienenwaben sechseckig
und was hilft gegen Seekrankheit?

Und über 150 weitere knifflige Fragen
aus der beliebten Wissensshow im Ersten

WILHELM HEYNE VERLAG
MÜNCHEN

MIX
Papier aus verantwor-
tungsvollen Quellen
FSC® C014496

Penguin Random House Verlagsgruppe FSC® N001967

2. Auflage
Originalausgabe 10/2021

Copyright © 2021 ARD Werbung und
Studio Hamburg Enterprises GmbH,
Lizenz durch Degeto Film GmbH
Alle Rechte vorbehalten
Copyright © 2021 by Wilhelm Heyne Verlag, München,
in der Penguin Random House Verlagsgruppe GmbH,
Neumarkter Straße 28, 81673 München
Autoren: Gerald Drews, Conny Heindl, Dr. Christiane Schlüter
Illustrationen: Isabel Klett, Barcelona
Umschlaggestaltung: Hauptmann & Kompanie Werbeagentur, Zürich,
unter Verwendung eines Fotos von © ARD / Thomas Leidig
Satz: Schaber Datentechnik, Austria
Druck: GGP Media GmbH, Pößneck
Printed in Germany

ISBN: 978-3-453-60594-7

www.heyne.de

Liebe Leserinnen und Leser,

der Rätselspaß geht in die nächste Runde! Vor Ihnen liegt der vierte Band mit vielen neuen und kniffligen »Wer weiß denn sowas?«-Fragen – und erneut habe ich die große Freude, dazu ein Vorwort zu verfassen!

Seien wir mal ehrlich, wer hätte gedacht, dass wir alle uns in den vergangenen Monaten ein solch spezielles Pandemie-Wissen aneignen – über Inzidenzzahlen, Impfstoffe und das Entstehen von Mutanten. Aber wussten Sie auch, dass die Corona-Krise ein »Schwarzer Schwan« ist und warum?

Ich kann Ihnen versprechen, dass Sie mit der Lektüre dieses Buches die Antwort dazu und noch viel mehr erfahren werden – weniger über Corona als über ganz Alltägliches, aber auch Skurriles – zum Beispiel, warum Topfpflanzen eine Nylonstrumpfhose »anziehen« sollten und warum der geplante Musikunterricht von Ludwig van Beethoven bei Wolfgang Amadeus Mozart ausfallen musste. Mit diesem Wissen können Sie Ihre Freunde und Bekannten hoffentlich bald auch wieder bei persönlichen Treffen beeindrucken.

Auch im »Wer weiß denn sowas?«-Studio in Hamburg haben wir das Live-Publikum und damit den direkten

Austausch vermisst. Mehr als ein Jahr haben wir die Sendung ohne Gäste im Studio aufgezeichnet. Kai Pflaume und sein Team haben unter schwierigsten Bedingungen dennoch herausragende Sendungen produziert. Dafür mein herzlicher Dank!

Bei den Aufzeichnungen ohne Studiopublikum konnten sich die Nutzerinnen und Nutzer der ARD Quiz App für das »virtuelle Publikum« bewerben und so zumindest über die App dabei sein. Nicht nur aus diesem Grund ist die ARD Quiz App zu einem unverzichtbaren Bestandteil von »Wer weiß denn sowas?« geworden – ich möchte sie Ihnen in jedem Fall ans Herz legen. Für die neue Staffel haben wir erneut einige Neuerungen vorbereitet. Sie können sich zum Beispiel mit anderen Quizfans vernetzen oder die aktuelle Sendung kommentieren. So wird der Ratespaß noch größer!

Ich wünsche Ihnen viel Vergnügen beim Lösen der kniffligen Fragen von »Wer weiß denn sowas?« – ob bei der Lektüre dieses Buches, in der ARD Quiz App oder ganz klassisch vor dem Fernseher. Oder Sie kommen einfach mal bei uns im Studio vorbei und erleben eine Aufzeichnung im Publikum – es ist doch schön, dass so ein Besuch wieder vorstellbar ist! Bleiben Sie auf jeden Fall weiter clever und gesund!

Ihr
Frank Beckmann
Koordinator ARD Vorabend

1.

**Der Frauenhaarfarn »Pete« aus dem
zoologischen Garten in London …?**

A: malt Bilder für seine Besucher

B: tanzt zum Rhythmus von Techno-Musik

C: lädt seine eigene Selfiekamera auf

C: lädt seine eigene Selfiekamera auf

Es ist nicht so, dass Pete eine besondere Eitelkeit an den Tag legen würde, indem er ständig Selfies von sich knipst: Der Frauenhaarfarn aus dem zoologischen Garten in London wächst lediglich ganz gemächlich vor sich hin und betreibt Photosynthese, wie alle anderen Pflanzen auch: Mit Hilfe von Sonnenlicht werden Wasser und Kohlendioxid in Zucker und Sauerstoff umgewandelt. Während der Sauerstoff an die Luft abgegeben wird, nutzt die Pflanze den Zucker, auch Glukose genannt, für ihr Wachstum. Allerdings wird meist mehr Zucker produziert als benötigt. Der Rest wird in die Erde abgegeben, wo er von Mikroorganismen abgebaut wird.

Dieser Prozess setzt kleine Mengen an Energie frei, die Wissenschaftler in einem Experiment als Stromquelle genutzt haben. Dazu wurde Petes Beet verkabelt, sodass er Mikro-Brennstoffzellen mit seiner eigenen Energie aufladen konnte. War genügend Strom vorhanden, schaltete sich die angeschlossene Kamera ein und schoss ein Foto. Auf diese Weise entstanden die erste Pflanzen-Selfies der Welt – etwa alle 20 Sekunden eines.

Inzwischen wird weitergeforscht, wie diese umweltfreundliche und wetterunabhängige Stromversorgung sinnvoll eingesetzt werden kann – etwa im Bereich der Umweltüberwachung oder um Wildtiere besser beobachten und erforschen zu können, vor allem in schwer zugänglichen Regionen wie den Regenwäldern.

2.

Als schwedische Forscher die größte Datenbank für medizinische Schriften untersuchten, kam heraus, dass in über 200 Studien ...?

A: heimliche Liebesbotschaften an Laborkollegen versteckt sind

B: immer wieder dieselben Songtitel von Bob Dylan zitiert werden

C: eine 1908 widerlegte These immer wieder als richtig dargestellt wird

B: immer wieder dieselben Songtitel von Bob Dylan zitiert werden

Es begann als eine Uni-Wette und endete als wissenschaftliche Studie. Im Jahr 2003 vereinbarten fünf Forscher am Karolinska-Institut in Stockholm: Wer bis zur Pensionierung die meisten Zitate des US-amerikanischen Musikers und Literatur-Nobelpreisträgers Bob Dylan in seinen Arbeiten unterbringt, gewinnt ein Mittagessen. Bereits 1997 hatten Kollegen der Schweden im Magazin »Nature Medicine« eine Forschungsarbeit veröffentlicht, die den Titel trug: »Stickstoffoxyd und Entflammbarkeit: The answer is blowin' in the wind«. Weitere Forscher der renommierten Stockholmer Uni streuten in der Folge ebenfalls Dylan-Zitate in ihre Publikationen ein.

Öffentlich gemacht wurde das Ganze in der unter Wissenschaftlern hoch geschätzten Weihnachtsausgabe des »British Medical Journal«. Die Publikumspresse griff das Thema auf – und die Forscher nahmen daraufhin die Angelegenheit noch einmal ernsthaft unter die Lupe. Verblüfft stellte man fest: Die Forschung liebt Dylan! Summa summarum stieß man auf 213 Zitate aus Dylan-Songs, die meisten ab den 1990er-Jahren, Rekordhalter ist mit 135 Erwähnungen »The times they are a-changin'« vor »Blowin' in the wind«, das sich in 36 Arbeiten finden lässt. Bereits im Jahr 1970 wurde der vielleicht einflussreichste Musiker des 20. Jahrhunderts im »Journal of Practical Nursing« zitiert. Wie kreativ manche Wissenschaftler vorgehen, zeigt eine Studie über Kreuzblütengewächse. Die trägt die Überschrift »Knockin' on pollen's door«.

3.
Ein Star kann dank …?

A: zweier unabhängiger Membranen zweistimmig singen

B: seines Gefieders bis zu 10 000 Meter hoch fliegen

C: seines spitzen, gebogenen Schnabels Türschlösser knacken

A: zweier unabhängiger Membranen zweistimmig singen

Wenn im Februar bei uns nach und nach die Zugvögel aus ihren Winterquartieren eintrudeln, erklingt auch schon bald wieder ihr fröhliches Gezwitscher. Dann heißt es singen und sich aufplustern, was das Zeug hält, denn schließlich geht es darum, bei den Weibchen einen größtmöglichen Eindruck zu hinterlassen. Auch das Starenmännchen zeigt, was in ihm steckt. Als Meister des Gesangs hat er ein breit gefächertes Repertoire an Melodien, die er sogar zweistimmig trällern kann.

Möglich ist dies durch seine Physiologie. Die Lauterzeugung findet bei Vögeln im Gegensatz zu uns Menschen nicht im Kehlkopf, sondern im Stimmkopf statt. Dieser ist in zwei Hälften geteilt und enthält elastische Membrane, die durch Luft in Schwingung versetzt werden. Aber nicht jeder Vogel beherrscht die Technik, die Membrane mit seinem Gehirn jeweils unterschiedlich anzusteuern und zweistimmig zu singen. Neben dem Star gelingt das auch der Amsel, dem Buchfink und anderen Drosselarten. Unschlagbar ist der Star aber, wenn es um das Imitieren von Geräuschen geht. So kann man nicht nur erkennen, welche Vögel in seiner nächsten Umgebung leben, sondern auch, welche Handy-Klingeltöne gerade angesagt sind.

4.

Von »mündelsicher« spricht der …?

A: Zahnarzt, wenn eine Füllung mindestens 25 Jahre halten soll

B: Bankberater, wenn eine Anlage niemals an Wert verlieren kann

C: Jurist, wenn ein Zeuge eine alles entscheidende Aussage macht

B: Bankberater, wenn eine Anlage niemals an Wert verlieren kann

Schon bei den alten Germanen gab es ein Recht, wonach der Hausherr den Schutz über die Hausgemeinschaft zu verantworten hatte. Diesen Schutz nannte man Munt oder Mund. Davon leiten sich die heutigen Begriffe Vormund und Mündel ab. Als Mündel wird eine Person bezeichnet, die unter Vormundschaft steht – also meist ein unmündiges Kind, das nicht unter elterlicher Sorge steht. Dessen Vormund oder Pfleger ist nach § 1806 BGB gesetzlich dazu verpflichtet, Gelder des Betreuten, die nicht für den laufenden Lebensunterhalt benötigt werden, mündelsicher anzulegen.

Laut § 1806 BGB zählen dazu inländische Hypotheken, Grund- und Rentenschulden, Bundes- und Länderanleihen, Pfandbriefe sowie Konten bei Sparkassen und Banken, die über eine Einlagensicherung verfügen. Die Aussage, dass eine solche Anlage niemals an Wert verlieren kann, ist jedoch mit Vorsicht zu genießen. Zwar dürfen auf Sparbücher keine Negativzinsen verlangt werden, doch dieser Klassiker der Geldanlage wirft auch so gut wie keine Zinsen ab. Deswegen verliert das Ersparte aufgrund der Inflationsrate auch in diesen Fällen an Wert. Dieser Umstand wird jedoch vom Gesetzgeber toleriert.

5.
**Was unterstützt das Entstehen von Rissen
in handelsüblichen Seifenstücken?**

A: Die pflanzlichen Fette vermischen sich
mit Schmutzpartikeln.

B: Die Seife hat zu wenig Wasserkontakt.

C: Glyzerin zieht Wasser an.

C: Glyzerin zieht Wasser an.

Mit Seife ist das so eine schwierige Sache: Ist sie zu feucht, wird sie eklig schleimig; trocknet sie aus, entstehen hässliche Risse. Die Ursache liegt an dem Bestandteil Glyzerin, der hautpflegende sowie feuchtigkeitsspendende Wirkung hat und auch als Trägermedium für Duftstoffe dient. Glyzerin kann synthetisch oder aus tierischen sowie pflanzlichen Fetten hergestellt werden. Seine Haupteigenschaft ist allerdings, dass es Wasser anzieht wie ein Magnet. Dadurch quillt die Seife bei Kontakt nicht nur an der Oberfläche auf, auch tiefere Schichten werden durchdrungen. Trocknet sie dann langsam wieder, geschieht dies von außen nach innen. Die oberste Schicht zieht sich zuerst zusammen und härtet aus, kann aber gleichzeitig nicht kleiner werden als die noch feuchte Schicht darunter. So entstehen ungünstige Spannungen, die letztendlich zu Rissen führen, je weiter der Trocknungsprozess voranschreitet.

Ist erst mal ein Riss entstanden, kann das Wasser weiter ins Innere der Seife vordringen und der ganze Vorgang wird zusätzlich noch verstärkt. Deswegen die Seife nur kurz unters Wasser halten und nach Gebrauch gleich in einer Seifenschale gut abtropfen lassen. Auch wenn die Optik manchmal nicht optimal ist, sind feste Seifen eine nachhaltige Alternative zu flüssigen Reinigungsprodukten, da sie ohne Kunststoffverpackung auskommen und wir dadurch Müll vermeiden.

6.

Im Gegensatz zu Pierre Brice hat der als »Winnetou des Ostens« bekannt gewordene Schauspieler Gojko Mitić ...?

A: in jedem einzelnen Western Serbisch gesprochen

B: keine Szene zu Pferd gedreht, weil er Höhenangst hatte

C: in seinen Filmen nie die Rolle des »Winnetou« gespielt

C: in seinen Filmen nie die Rolle des »Winnetou« gespielt

Welche Indianer kennen Sie? Winnetou? Und Winnetou? Und Winnetou? Kein Zweifel, die von Karl May erfundene Gestalt aus dem gleichnamigen Roman ist der bekannteste Indianer weltweit. Auf der Leinwand ist vor allem der französische Schauspieler Pierre Brice in diese Rolle geschlüpft. Er hat den Winnetou in elf Karl-May-Filmen verkörpert und später auch auf Freilichtbühnen im sauerländischen Elspe und in Bad Segeberg.

Sein serbischer Kollege Gojko Mitić indessen ist zwar in der ehemaligen DDR vor allem durch Indianerrollen berühmt geworden und deshalb oft mit Pierre Brice verglichen worden. Er spielte zum Beispiel an der Seite von Brice in dem Karl-May-Film »Unter Geiern« (1964) den Häuptlingssohn Wokadeh und drei Jahre später den Mohikaner Chingachgook – um nur zwei seiner vielen Indianer-Filmrollen zu nennen. Mitić war als Indianerdarsteller so populär, dass er sogar »Winnetou des Ostens« genannt wurde. Den Apachen-Häuptling hat er auf der Leinwand jedoch nie verkörpert. Wohl aber war er zwischen 1992 und 2006 auf der Freilichtbühne in Bad Segeberg als Winnetou zu sehen – übrigens in direkter Nachfolge von Pierre Brice. Wiederbegegnet sind sich die beiden dort, als Brice im Jahr 1999 Regie führte.

7.

Wie wollen russische Forscher die Milchproduktion von Kühen steigern?

A: Fußbänder zeigen dem Bauern an, wie sich die Kuh fühlt.

B: VR-Brillen simulieren den Kühen eine schöne Weide.

C: Spezielle Hüte halten störende Fliegen und Mücken fern.

B: VR-Brillen simulieren den Kühen eine schöne Weide.

Wie so oft kommt es auf den Wohlfühlfaktor an. Wenn der stimmt, sind nicht nur Menschen produktiver, sondern auch Kühe. Wer glotzt schon gerne Stallwände an und das jeden Tag von morgens bis abends? Beim virtuellen Ausblick auf eine schöne Weide kommt aber schon mehr Lebensfreude auf und das wirkt sich tatsächlich auf die Milchproduktion aus. Das haben zumindest Forscher in Russland bei einer groß angelegten Studie festgestellt. Auf einem Bauernhof in der Nähe von Moskau wurden Kühen speziell angefertigte VR-Brillen aufgesetzt. So bekamen sie den Eindruck, auf einer wunderbaren grünen Wiese zu stehen, und fühlten sich deutlich wohler.

Was wäre da erst möglich, wenn die Tiere tatsächlich Gras unter ihren Hufen spüren und auf einer Koppel stehen würden! So ganz real, in Echtzeit und ganz ohne digitale Endgeräte. Vielleicht gäbe es weniger Milcherträge, da die Kühe ihre Bewegungsfreiheit ausgiebig nutzen würden, aber dafür insgesamt einen Mehrwert für Tier und Mensch. Denn der Gewinn des Betriebes könnte trotzdem steigen, zum Beispiel aufgrund attraktiverer Milchpreise wegen artgerechter, vielleicht sogar ökologischer Tierhaltung und weniger Anschaffungs-, Strom- und Akkukosten – vom Elektroschrott mal ganz abgesehen. Manchmal wäre weniger dann doch mehr …

8.

Obwohl das bayerische Dorf Schönstheim seit über 500 Jahren nicht mehr existiert, ...?

A: hat es eine eigene Autobahnabfahrt mit seinem Namen

B: pflegt es seit 2017 eine Partnerschaft mit der US-Stadt Cincinnati

C: wird jährlich ein Bürgermeister gewählt

C: wird jährlich ein Bürgermeister gewählt

Falls jemand auf die einigermaßen eigenartige Idee käme, Schönstheim besuchen zu wollen, empfiehlt sich auf der Autobahn A7, von Würzburg kommend, die Abfahrt Marktbreit. Ab dort geht es weiter nach Röttingen, ein Städtchen, zu dem Schönstheim gehört. Touristisch gibt der unterfränkische Ort, dessen Name auf keinem Ortsschild steht, allerdings gar nichts her: Es handelt sich lediglich um ein 301 Hektar großes Waldstück. Einst stand hier neben einer Siedlung mit 16 Höfen, sogenannten Huben, sogar eine Burg. Doch Mitte des 15. Jahrhunderts verließen die Bewohner ihre Heimat – wohl aufgrund der Kriegswirren, von denen Schönstheim nur allzu oft heimgesucht wurde.

Aber auch, wenn hier nur Bäume stehen, gibt es seit mehr als einem halben Jahrtausend eine kuriose Sitte: Jedes Jahr am 2. Mai werden je ein neuer erster und zweiter Bürgermeister bestimmt. Der Grund: Das Waldstück gehört einer Eigentümergemeinschaft mit rund 170 Mitgliedern, deren Vertreter die Gemeinde Schönstheim bilden. Auch wenn das Ganze keine rechtliche Bedeutung hat, so haben die Schönstheimer im Rathaus von Röttingen sogar einen eigenen Amtsschrank stehen. Und jedes Jahr bei Übergabe spendieren die beiden alten und neuen Bürgermeister jeweils zwei Flaschen Wein, ehe bei einer Ortsbegehung Bestandsaufnahme gemacht wird. Instandhaltung, Neupflanzung, Holzverkauf oder Jagdpacht – in diesem Ort ohne Bewohner gibt es immer was zu tun. Wobei man, so wird glaubhaft versichert, stets schwarze Zahlen schreibt.

9.

Was kann dabei helfen, Schneckenbefall im Garten zu verringern?

A: Pflanzen erst im Sommer düngen

B: Pflanzen morgens statt abends gießen

C: Sellerie oder Senf um das befallene Beet pflanzen

B: Pflanzen morgens statt abends gießen

Sie sind ein endloses Thema unter Hobbygärtnern und wecken selbst im friedlichsten Menschen gelegentliche Mordfantasien: Schnecken! Was gibt es nicht alles für Methoden, um sie loszuwerden: vom Schneckenzaun über Kaffeesatz und Pflanzenextrakte bis hin zu Bierfallen (die leider auch Schnecken aus benachbarten Gärten anlocken können). Ganz klassisch ist außerdem das Absammeln. Grausameres erwähnen wir hier nicht.

Ein einfaches Mittel gibt es nun, das sich mit allen anderen gut kombinieren lässt: Nämlich, die Pflanzen morgens statt abends zu gießen! Viele Gärtner greifen zwar gern abends zur Gießkanne. Wer seinen Garten aber den Schnecken madig machen will, sollte morgens gießen. Denn Schnecken sind vorzugsweise nachts unterwegs und freuen sich über feuchten Boden. Wer morgens wässert, sorgt dafür, dass die Plagegeister am Abend getrocknete Wege vorfinden und frustriert umkehren. Allerdings sollte das Gießen gerade im Hochsommer wirklich sehr früh stattfinden, damit genügend Wasser in den Boden einsickern kann und nicht tagsüber in der Sonne verdunstet. Sonst haben die Pflanzen auch nichts davon.

10.

Was hat laut Forschern einen positiven Effekt auf rheumatoide Arthritis?

A: Intervallfasten mit 13–16 Stunden Pause zwischen den Mahlzeiten

B: Saunagänge von 25–30 Minuten

C: Joggen auf Strecken über fünf Kilometer

A: Intervallfasten mit 13–16 Stunden Pause zwischen den Mahlzeiten

Weltweit leidet etwa ein Prozent der Bevölkerung an rheumatoider Arthritis, einer Erkrankung der Gelenke, die vom Körper selbst verursacht wird. Ein fehlgesteuertes Immunsystem greift intakte Zellen an und bekämpft diese, sodass chronische Entzündungen entstehen. Schmerzhafte Schwellungen und Bewegungseinschränkungen sind die Folge, bis hin zu Deformationen und schließlich der Zerstörung der Gelenke.

Neben diversen Medikamenten hat sich seit den 1990er-Jahren auch das Fasten als eine wirksame Methode erwiesen, Entzündungsprozesse zu hemmen. In einer Studie von 2019 haben amerikanische Forscher nun gezeigt, dass auch das Intervallfasten chronisch-entzündliche Leiden verringern kann. Bei dieser Methode sollen nur wenige Mahlzeiten am Tag eingenommen und in einer Zeit von 13 bis 16 Stunden überhaupt nicht gegessen werden. Während dieser kurzen Fastenperiode reduziert sich die Aktivität jener Immunzellen, die Entzündungen auslösen. Diese Monozyten gehören zu den weißen Blutkörperchen und werden im Knochenmark gebildet. Während ihres Lebenszyklus' entwickeln sie sich zu den Fresszellen, den Makrophagen, die für die Bekämpfung von eingedrungenen Erregern zuständig sind.

11.

**Was sollten Gartenbesitzer tun,
wenn die Früchte eines Kirschbaums
von Maden befallen sind?**

A: Früchte mit Seifenlauge behandeln

B: Vlies unter dem Baum auslegen

C: Rinde des Baumes mit roter Holzbeize
anstreichen

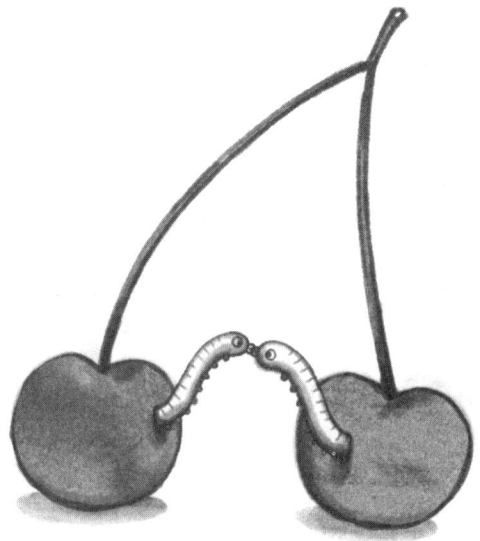

B: Vlies unter dem Baum auslegen

Kirschen sind ein beliebtes Sommerobst, und so mancher Hobbygärtner kann die Ernte der leckeren Früchte kaum erwarten. Mit der Freude ist es allerdings schnell vorbei, wenn man nach einem herzhaften Bissen eine weiße Made entdeckt, die sich im Fruchtfleisch schlängelt. Hier handelt es sich häufig um die Larve der Kirschfruchtfliege, die ihre Eier in den gelben, noch unreifen Früchten ablegt. Nach circa zehn Tagen schlüpfen die Larven und ernähren sich von dem saftigen Innenleben. Fällt das reife Steinobst dann auf den Boden, verkriechen sich die Larven in der Erde, um sich dort zu verpuppen und zu überwintern. Oder die Maden seilen sich an dünnen Fäden ab, um auf den Boden zu gelangen.

Genau hier käme das praktische Vlies ins Spiel. Wird es unter dem Baum sorgfältig ausgelegt, werden die befallenen Kirschen sowie die Maden aufgefangen und können so einfach eingesammelt werden. Dadurch wiederholt sich der Fortpflanzungszyklus des Insekts nicht, und die Fremdbesetzung der Kirschen wird erheblich reduziert. Es gibt auch zahlreiche Tiere, die den Schädling zum Fressen gern haben: Mauersegler und Schwalben fangen die Fliegen, aber auch Schlupfwespen und Spinnen gehören zu den natürlichen Feinden. Am besten schaffen Sie in Ihrem Garten ideale Bedingungen für solche Nützlinge, dann steht dem Obstgenuss nichts mehr im Wege.

12.

Was gelang dem 17-jährigen Amerikaner Wolf Cukier im Sommer 2019 während eines Praktikums?

A: Er verdoppelte den Gewinn des Unternehmens.

B: Er entdeckte einen bisher unbekannten Planeten.

C: Er baute in einem Autohaus mit jedem Wagen einen Unfall.

B: Er entdeckte einen bisher unbekannten Planeten.

Praktikantenjobs können manchmal ziemlich öde sein. Und auch die Aufgabe, die der damals 17-jährige Schüler Wolf Cukier anvertraut bekam, als er 2019 sein Sommerpraktikum 2019 im Goddard Space Flight Center der NASA antrat, klang zunächst wenig verheißungsvoll: Er sollte eine endlos scheinende Anzahl von Satellitenbildern überprüfen, die das Weltraumteleskop »Transiting Exoplanet Survey Satellite«, kurz TESS, zur Erde funkte. Schon am dritten Tag fiel dem jungen Mann eine Unregelmäßigkeit auf. Und ein halbes Jahr später war klar: Es handelte sich um einen bisher unbekannten Planeten namens TOI 1338 b. Der ist 1300 Lichtjahre von unserem Sonnensystem entfernt, fast siebenmal so groß wie die Erde und besitzt zwei Sonnen.

In einem Fernsehinterview erklärte Wolf Cukier fachmännisch, dass man sich so einen Planeten wie Tatooine vorzustellen habe, den Heimatplaneten von Luke Skywalker aus »Star Wars«. Auch dort sei nicht nur ein Sonnenuntergang zu sehen, sondern zwei. Selbstbewusst erzählte der Schüler, seine Familie hoffe nun, dass der Planet nach ihm benannt werde: »Wolftopia« klinge doch viel besser als TOI 1338 b. Sollte das nicht klappen, hat sich der junge Entdecker aber immerhin schon als Co-Autor eines wissenschaftlichen Aufsatzes über die Entdeckung des Planeten einen Namen gemacht.

13.

Laut Bundeszentrum für Ernährung ist H-Milch im Vergleich zu Frischmilch …?

A: verträglicher für laktoseintolerante Menschen

B: geöffnet im Kühlschrank nicht länger haltbar

C: für die Zubereitung von Babynahrung nicht geeignet

B: geöffnet im Kühlschrank nicht länger haltbar

Ob der Inhalt der geöffneten H-Milch-Verpackung im Kühlschrank wohl noch gut ist? Wer sich diese Frage stellt, sollte wissen: Nach Öffnung der Verpackung sollte auch H-Milch (das »H« steht für »haltbar«) innerhalb von drei bis vier Tagen getrunken werden. Denn sie ist lediglich im ungeöffneten Zustand mehrere Monate haltbar. H-Milch wird ultrahoch, also mindestens eine Sekunde lang auf 135 bis 150 Grad erhitzt und dann sofort wieder auf vier bis fünf Grad heruntergekühlt. Dadurch werden zwar schädliche Keime abgetötet, aber eben auch die nützlichen Milchsäurebakterien. H-Milch kann daher nicht mehr sauer werden. Ein Geruchstest, ob sie noch genießbar ist, muss also scheitern.

Da Milchsäurebakterien auch für das Ausflocken von Milch zuständig sind, funktioniert auch ein Blicktest nicht. Bleibt nur eine Geschmacksprobe. Schmeckt die H-Milch bitter oder muffig – weg damit! Vor allem, wenn die geöffnete Verpackung zudem längere Zeit außerhalb des Kühlschranks herumstand oder direkt aus dem Beutel getrunken wurde, können krank machende Bakterien, Viren oder Schimmelsporen von außen in die Milch gelangen. Dann kann es im schlimmsten Fall zu Übelkeit, Erbrechen oder Durchfall kommen. Das gilt im Übrigen nicht nur für H-Milch, sondern für jedes Getränk. Also nicht nur zu Corona-Zeiten sollte jeder nach Möglichkeit aus seiner eigenen Flasche trinken!

14.

**Eine internationale Langzeitstudie
hat ergeben, dass auf der Welt
pro Stunde im Schnitt ...?**

A: 760 Gewitter stattfinden

B: 9400 Menschen heiraten

C: 31 000 neue Internet-Domain-Namen
registriert werden

A: 760 Gewitter stattfinden

Manche Fragen kann man, wenn man die Antwort nicht zufällig weiß, fast nur aus dem Bauch heraus entscheiden. So verhält es sich auch mit dieser. Hätten Sie die Antwort gewusst? Tatsächlich gibt es im Durchschnitt pro Stunde 760 Gewitter auf der Erde, das besagt eine Studie der »European Geosciences Union« von 2011. Sieht das nach viel aus? Vielleicht. Es ist aber viel weniger als ursprünglich vermutet: Klimaforscher hatten noch in den 1950er-Jahren angenommen, dass weltweit zwischen 2000 und 3000 Gewitter pro Stunde stattfinden. Ein Netz von 70 weltweiten Messstationen belegte dann jedoch, dass die Zahl weitaus geringer ist.

Gezählt wurden für diese Studie allerdings nur komplette Gewitter, keine Einzelblitze. Die Messstationen reagieren jedoch so sensibel, dass sie einzelne Blitze gezielt einem bestimmten Gewitter zuordnen können. Bei den Messungen hat sich außerdem bestätigt, dass Gewitter vor allem in den Tropen vorkommen und dass das Kongobecken der absolute Hotspot für Gewitter ist.

15.

Mit einem Nahttrenner aus dem Nähkasten kann im Handumdrehen …?

A: ein mehrfach verknotetes Kopfhörerkabel gelöst werden

B: ein Apfel geschält werden

C: die Staubsaugerwalze von Haarknäueln befreit werden

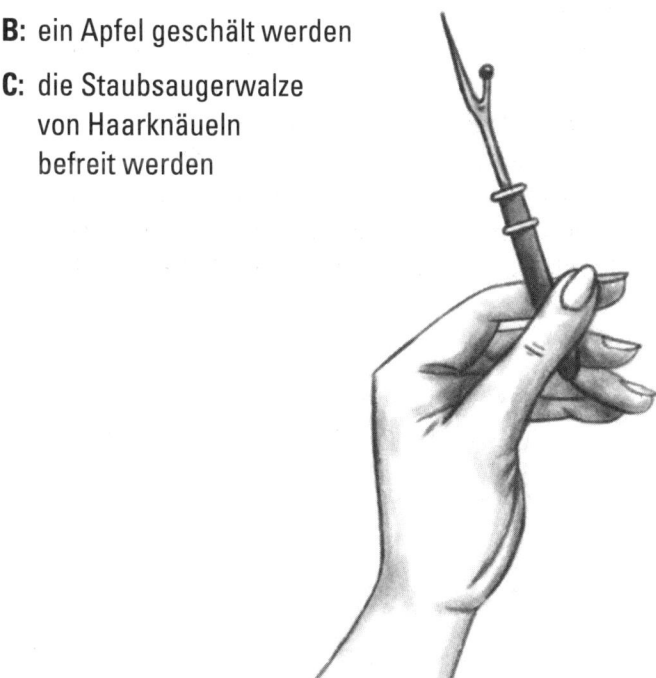

C: die Staubsaugerwalze von Haarknäueln befreit werden

Ein Nahttrenner ist nicht nur eine praktische Hilfe, wenn beim Nähen etwas schiefgegangen ist. Dann ist er schnell zur Hand, und mit wenig Aufwand lassen sich die Garnschlaufen aus dem Stoff wieder lösen. Aber Vorsicht: Das Werkzeug besteht aus zwei verschieden langen Spitzen, die durch eine Klinge verbunden sind. Deswegen sollte man Kopfhörerkabel lieber nicht damit bearbeiten. Und auch Äpfel lassen sich mit anderen Küchenhelfern leichter schälen. Geht es aber um das Reinigen der Staubsaugerwalze, kann er hervorragend zweckentfremdet werden.

Vor allem Haare und längere Teppichfäden wickeln sich nämlich beim Saugen gerne um die sich drehende Walze. Wenn sich die Fasern verklemmen, blockieren sie den Mechanismus und müssen meist mühsam wieder entfernt werden. Ein Nahttrenner kann diese ungeliebte Arbeit erheblich erleichtern: Einfach das Haarknäuel entlang der Walze durchtrennen und anschließend herausziehen – fertig! Dabei kostet so ein Teil nur ein paar Euro oder schlummert bereits sowieso zu Hause im Nähkästchen, sodass man ihn schnell parat hat.

16.

Wenn ein Weibchen der Schwimmbeutler auf Nahrungssuche geht, ...?

A: werden die Jungen wasser- und luftdicht im Beutel verstaut

B: setzt es seine Beute durch einen Hüftschwung außer Gefecht

C: lässt es sich aus Bäumen kopfüber auf die Beute fallen

A: werden die Jungen wasser- und luftdicht im Beutel verstaut

Zu blöd, wenn die Kita zu hat und man sein Kind mit auf die Arbeit nehmen muss, so lautet seit Corona-Zeiten ein beliebter Bilderwitz – er zeigt eine grimmig blickende, weißhaarige Queen auf dem Thron, den ebenfalls schon betagten und muffig dreinschauenden Prinz Charles neben sich. Vor einem ähnlichen Problem stehen die Schwimmbeutler, eine Unterart der Beutelratte, die in Mittel- und Südamerika zu Hause ist: Auch sie müssen ihren Nachwuchs mit auf die Arbeit, sprich, auf Nahrungssuche, mitnehmen. Doch ihr Betreuungsproblem hat die Evolution prima gelöst.

Weil sie ihre Nahrung – Krebse, Muscheln, Fische – unter Wasser finden, leben die Schwimmbeutler in unterirdischen Bauen, deren Eingang sich knapp über der Wasseroberfläche von Flüssen und Seen befindet. Mit ihrem wasserabweisenden Fell und den Schwimmhäuten zwischen den Zehen der Hinterbeine sind sie bestens für die Bewegung im Wasser ausgerüstet. Ihre Jungen tragen sie für die ersten 40 bis 50 Tage im Beutel mit sich. Während dieser Zeit müssen sie aber nicht fasten, sondern können trotzdem auf Tauchgang gehen, denn auch der Beutel ist an die Bewegung im Wasser angepasst. Er öffnet sich nach hinten in Richtung Schwanz, ist dank eines starken Ringmuskels wasserdicht verschließbar und hat fünf Zitzen – Vollpension inklusive für die Kleinen, während Mama abtaucht.

17.
Die Maniokwurzel sollte …?

A: nicht zusammen mit Milchprodukten gekocht werden

B: nicht roh verzehrt werden, da sie Blausäure enthält

C: vor der Zubereitung nicht abgewaschen werden

Fig. 1.

B: nicht roh verzehrt werden, da sie Blausäure enthält

Die Wurzel des Cassavestrauchs, Maniok genannt, dient etwa einer halben Milliarde Menschen als Grundnahrungsmittel – vor allem in Afrika, Indien, der Karibik und Südamerika. Doch auch bei uns werden die bis zu einem Meter langen und fünf bis zwanzig Zentimeter dicken Wurzeln immer beliebter. Sie gelten nach Reis, Mais und Zuckerrohr als viertwichtigstes Grundnahrungsmittel weltweit. Anders als viele Getreidearten enthält die tolle Knolle kein Gluten. Gerne wird bei uns Maniok deshalb unter anderem zu Pommes, Curry oder Püree verarbeitet, quasi als Mehl- oder Kartoffelersatz.

Doch einen Haken hat die Wurzel: Sie sollte keinesfalls roh verzehrt werden, da sie Linamarin (Blausäureglykosid) enthält. Wenn dieser Stoff mit Enzymen oder der Darmflora in Kontakt kommt, entsteht hoch giftige Blausäure. Sie verhindert die Sauerstoffzufuhr im Blut, was zu chronischen Erkrankungen bis hin zum Herzstillstand führen kann. Werden die Wurzeln vor dem Verzehr jedoch geschält, gewässert und durch Kochen, Braten, Backen oder Frittieren gegart, wird das Linamarin zerstört, und es kann keine Blausäure freigesetzt werden. Beim bitteren Maniok befindet sich Linamarin übrigens in der gesamten Wurzel, während er bei der süßen Variante vor allem in der Rinde zu finden ist, was sie weniger giftig, aber keineswegs ungefährlich macht.

18.
Bei einem »Texas Switch« …?

A: tauschen Stuntdouble und Schauspieler unbemerkt ihre Plätze

B: muss der Lokführer aussteigen und die Weiche umstellen

C: löst der Wechsel von Hoch- zu Tiefdruckgebiet einen Sturm aus

A: tauschen Stuntdouble und Schauspieler unbemerkt ihre Plätze

Kaum ein Film kommt ohne Schnitte aus. Wenn ein Streifen einmal mit einer einzigen Einstellung gedreht wird, so ist dies ein bewusstes Stilmittel. Eingesetzt wurde es etwa im Kriegsfilm »1917« aus dem Jahr 2019, ebenso in den Filmen »Victoria« (2015), »Birdman« (2014) und im Schweizer Tatort »Die Musik stirbt zuletzt« von 2018.

Wenn Schnitte fehlen, entsteht eine größere Unmittelbarkeit – der Zuschauer erlebt die Handlung noch intensiver mit. Das ist auch der Grund, warum man Schnitte gern vermeidet, wenn innerhalb einer Szene statt des Schauspielers ein Double vor die Kamera tritt – der Zuschauer soll nicht unnötig aus dem Miterleben herausgerissen werden. Und so wurde die Technik des »Texas Switch« entwickelt: Dabei tauschen Schauspieler und Double innerhalb ein- und derselben Szene die Plätze, ohne dass das für den Zuschauer sichtbar ist – zum Beispiel hinter einer Wand oder außerhalb des Bildausschnitts. So entsteht keine Irritation, die Szene wird fortgesetzt. Der Einsatz von Doubles hat auch finanzielle Gründe: Wenn Schauspieler sich bei gefährlichen Aktionen vor der Kamera verletzen und deshalb Drehpausen einlegen müssen, kommt das wesentlich teurer, als wenn man bei riskanteren Parts ersatzweise Stuntmen und -women einsetzt.

19.

Was ist das Besondere an einem Glas, das Forscher der finnischen Universität Tampere entwickelt haben?

A: Es erzeugt keine Reflexion.

B: Alles, was damit in Berührung kommt, wird feucht.

C: Es ist härter als Stahl und trotzdem dehnbar.

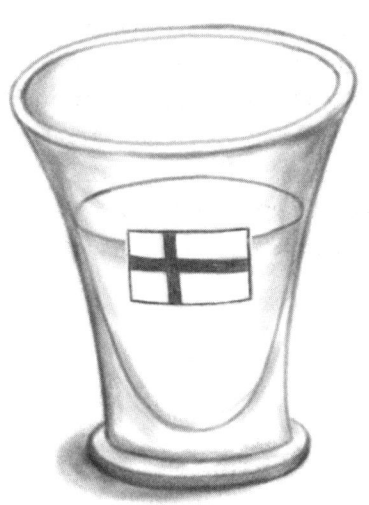

C: Es ist härter als Stahl und trotzdem dehnbar.

Die Schwerkraft kommt uns im Alltag nur allzu oft in die Quere. Besonders ärgerlich wird es, wenn wir unser Smartphone etwas zu locker aus der Tasche ziehen – plumps, und schon ist das Display gesprungen oder gar zersplittert. Das liegt an den Eigenschaften des Materials, denn die Moleküle und Atome im Glas treten darin ungeordnet auf und bilden keine festen Kristallgitter. Deswegen ist Glas zwar hart und leicht, aber leider auch spröde und zerbrechlich.

Einem internationalen Forscherteam ist es jetzt gelungen, diese negativen Eigenschaften zu eliminieren und ein praktisch unzerstörbares Glas herzustellen. In dem Verfahren wird eine dünne Schicht aus Aluminiumoxid so schnell abgekühlt, dass keine Kristallisierung mehr stattfinden kann. So entstand ein neuartiges Glas aus einer Struktur von Aluminium- und Sauerstoffatomen, das biegsam und dehnbar ist. Einem punktuellen Druck geht das Material aus dem Weg und gibt lieber nach, statt zu zerspringen. Dennoch hat es an seiner Festigkeit nichts eingebüßt, denn Experimente zeigten, dass es härter ist als Stahl und dennoch dehnbar bleibt. So könnte es zum Beispiel für bruchsichere Displays verwendet werden. Allerdings gestaltet sich eine industrielle Herstellung bisher leider noch schwierig.

20.

**Mit welcher neuen Methode
wollen Forscher gegen unerlaubtes
Fischen im Meer vorgehen?**

A: Fischernetze, die ab 20 Kilogramm Fangmasse
aufleuchten

B: Albatrosse, die mit Minisendern ausgestattet sind

C: auf Gerüche spezialisierte Seehunde

B: Albatrosse, die mit Minisendern ausgestattet sind

Manche Tiere kommen dahin, wo der Mensch nicht hinkommt – oder zumindest schaffen sie es schneller. Zum Beispiel ist es sehr schwer, illegale Fischerei im Meer aufzuspüren. Speziell im südwestlichen Indischen Ozean zwischen Südafrika und Australien ist das fragliche Gebiet so riesig, dass die Kontrolleure mit dem Flugzeug oder dem Boot unmöglich genug Präsenz zeigen können.

Doch wozu gibt es Albatrosse? Der Ornithologe Henri Weimerskirch vom Nationalen Zentrum für wissenschaftliche Forschung in Frankreich (CNRS) und seine Kollegen haben mehr durch Zufall herausgefunden, dass diese bis zu zwölf Kilogramm schweren Vögel sich zum Aufspüren illegaler Fischerei eignen. Ursprünglich wollten sie nur wissen, ob junge Albatrosse von Fischerbooten angelockt werden. Sie statteten die Vögel mit Loggern aus – kleinen Sendern, die den Radar von Schiffen erkennen und deren Position übermitteln. Dabei stellte sich durch den Vergleich mit offiziellen Registern heraus, dass rund 30 Prozent der erkannten Schiffe ihr automatisches Identifikations-System AiS abgeschaltet hatten – also illegal unterwegs waren. Überlegt wird jetzt, auch Haie und Schildkröten mit passenden Loggern auszustatten, um den illegalen Fang dieser Tiere aufzuspüren.

21.

100 Jahre sind laut DIN 68871 das Alter, ab dem ...?

A: ein Möbelstück als »antik« gilt

B: der Fahrstuhl in einem Gebäude ausgetauscht werden muss

C: ein Kastanienbaum im Garten nicht mehr gefällt werden darf

A: ein Möbelstück als »antik« gilt

Die Deutsche Industrie Norm mit der Nummer DIN 68871 sorgt für Transparenz, wenn es um die genaue Bezeichnung und Definition von Möbeln geht. Gerade in der Werbung und im Verkauf wird allzu leichtfertig mit Begrifflichkeiten umgegangen, die dem angepriesenen Produkt real gar nicht entsprechen und den Preis in die Höhe treiben. Wenn Sie also genau wissen wollen, ob die Qualität stimmt, finden Sie in diesem Regelwerk alle wichtigen Informationen.

Auch für die Bezeichnung »antik«, die in unserem Sprachgebrauch lediglich »alt« oder »auf alt gemacht« bedeutet, gibt es klare Vorgaben, nämlich »Möbel, das mindestens 100 Jahre alt ist und nachträglich durch eine Restaurierung nicht wesentlich verändert wurde, sodass der kunsthistorische Wert weitgehend erhalten bleibt«. Sollten Sie also eine antike Kostbarkeit erwerben wollen, achten Sie unbedingt auf das Alter und ob es sich tatsächlich um ein Original handelt. Seriöse Händler können Ihnen die Hintergründe problemlos erläutern. Bei dem Ausdruck »im antiken Stil« ist allerdings Vorsicht geboten, denn hier handelt es sich meist um Neuware, die auf alt getrimmt ist. Das gilt natürlich auch, wenn Sie der Meinung sind, »Bares für Rares« bekommen zu können …

22.

Ein Zustandsstörer …?

A: hilft dabei, eine Naht wieder aufzutrennen

B: reguliert die Länge der Gelb- und Grünphasen bei Verkehrsampeln

C: kann polizeilich verfolgt werden

C: kann polizeilich verfolgt werden

»Wir sind nicht nur verantwortlich für das, was wir tun, sondern auch für das, was wir nicht tun« – das wusste schon der französische Autor und Schauspieler Molière und der lebte bereits im 17. Jahrhundert. Daran hat sich bis heute nichts geändert und gilt gleichermaßen für einen »Zustandsstörer«. So wird nämlich eine Person bezeichnet, die durch ihr Handeln oder durch Unterlassung für eine Beeinträchtigung im öffentlichen Raum verantwortlich ist.

Je nach Schwere der Störung kann diese Person auch polizeilich verfolgt werden und muss die Kosten für entstandene Schäden selbst tragen. Verliert ein Auto beispielsweise Öl, so ist der Besitzer für den Schaden verantwortlich und muss die Reinigung der Straße bezahlen. Es gibt den Zustandsstörer, der Inhaber, Eigentümer oder Berechtigter einer Sache ist, von der eine Gefahr für die öffentliche Sicherheit und Ordnung ausgeht. Und es gibt den Handlungsstörer, der diese Gefahr selbst verursacht. Das wäre zum Beispiel bei Brandstiftung der Fall oder bei mutwilliger Zerstörung fremden Eigentums. Auch in diesen Fällen wird natürlich polizeilich ermittelt.

23.
Wie wappnet sich der Deutsche Alpenverein gegen die Ausbreitung von Bettwanzen auf seinen Hütten?

A: Mikrowellen für Hüttenschlafsäcke

B: Einmal-Decken für die Schlafräume

C: Kühltruhen für das Reisegepäck

A: Mikrowellen für Hüttenschlafsäcke

Seit den 1990er-Jahren nimmt weltweit die Wanzenplage zu. Manch einer schleppt sie als unerkanntes und unfreiwilliges Urlaubssouvenir in die Heimat ein. Leider werden die stechenden Nervtöter zunehmend resistent gegen Wirkstoffe und sind deshalb schwerer zu bekämpfen. Das macht sich auch in der Hotellerie bemerkbar – vom Fünf-Sterne-Schuppen bis zur billigen Absteige. Und natürlich auch in Berghütten. Die bieten durch ihre Bauweise aus Holz Bettwanzen einen idealen Lebensraum. Meist sind es die Wanderer selbst, die die lästigen Tierchen mitbringen. Mit zunehmendem Bergwandertourismus wächst auch die Wanzenplage. Übertragungsweg Nummer eins ist der Hüttenschlafsack. Zu 70 Prozent würden die Tiere darüber eingeschleppt, meint Thomas Gesell vom Deutschen Alpenverein (DAV).

Der führte deswegen im Jahr 2018 eine ungewöhnliche Maßnahme ein. Wer etwa auf dem Weg zur Zugspitze in der Knorrhütte ankommt, muss vor Betreten der Schlafräume seinen Schlafsack in eine Mikrowelle legen. 30 Sekunden auf 600 Watt machen den Plagegeistern den Garaus. Immer mehr Hütten setzen inzwischen auf diese Methode. Sie sei sinnvoll, gut zu handhaben, und die Gäste nähmen sie an, heißt es beim DAV. Und noch eine gute Nachricht: Außer, dass ihre Stiche jucken, seien Wanzen ungefährlich. Man konnte bisher nie nachweisen, dass sie Krankheitserreger auf den Menschen übertragen.

24.

Ein Gastgeber muss GEMA-Gebühren für eine Party zahlen, wenn ...?

A: mehr als 100 Gäste anwesend sind

B: aktuelle Chart-Musik gespielt wird

C: die Gästemehrzahl nicht in persönlicher Beziehung zu ihm steht

C: die Gästemehrzahl nicht in persönlicher Beziehung zu ihm steht

Wer ein eigenes Werk geschaffen hat, etwa ein Musikstück, der soll als Urheber auch daran verdienen können. Wenn etwa ein Radiosender sein Stück spielt, es also nutzt, so muss der Sender für dieses Nutzungsrecht eine Gebühr zahlen. Weil Künstler und Kreative aber nicht im Einzelnen nachprüfen können, wo und von wem überall ihre Werke genutzt werden, gibt es die Verwertungsgesellschaften, die das für sie übernehmen. Im Bereich der Musik ist das die Gesellschaft für musikalische Aufführungs- und mechanische Vervielfältigungsrechte (GEMA). Wer ein musikalisches Werk nutzt, muss Lizenzgebühren an die GEMA zahlen. Die schüttet die Einnahmen nach einem vorher berechneten Verteilerschlüssel an ihre Mitglieder – also an die Urheber – aus.

Wer ist nun aber verpflichtet, Lizenzgebühren an die GEMA zu zahlen? Auch der Gastgeber einer Party, der für seine Gäste Oldies oder die neuesten Hits vom Band spielt? Das hängt davon ab, ob die besagte Party privat oder öffentlich ist. Laut § 15 Absatz 3 des Urheberrechtsgesetzes ist eine Party öffentlich, »wenn die Wiedergabe für eine Mehrzahl von Mitgliedern der Öffentlichkeit bestimmt ist«. Das heißt: Wenn die überwiegende Zahl der Gäste nicht in einer persönlichen Beziehung zum Gastgeber steht, dann ist die Party öffentlich – und dann muss der Gastgeber für die Nutzung der Musik Gebühren an die GEMA zahlen.

25.
Männliche Prachtbienen …?

A: sammeln Düfte und kombinieren sie zu einem individuellen Parfüm

B: fliegen langsamer, wenn sie paarungsbereit sind

C: suchen sich Weibchen nach deren Haarfarbe aus

A: sammeln Düfte und kombinieren sie zu einem individuellen Parfüm

Prachtbienen, auch Orchideenbienen (Euglossini) genannt, kommen ausschließlich in Mittel- und Südamerika vor. Die hübschen Insekten findet man in auffällig metallschimmernden Grün-, Gold- oder Blautönen. Aufgabe der Prachtbienen-Männchen ist es, mehr als 700 Orchideenarten (etwa ein Zehntel der kompletten amerikanischen Orchideenflora) exklusiv zu bestäuben. Bei der Bestäubung passiert etwas Einzigartiges. Denn die Orchideen produzieren spezielle Düfte, von denen jeweils eine oder wenige der rund 250 Prachtbienenarten angelockt werden.

Die Hinterbeine der Bienenmännchen haben spezielle Taschen, in denen die Duftstoffe gesammelt und zu einem Parfüm kombiniert werden. Lange war nicht klar, wozu diese Parfümproduktion gut sein soll. Zoologinnen und Zoologen der Universität von Kalifornien in Davis und der Ruhr-Universität Bochum haben nun herausgefunden, dass die Düfte vermutlich als Sexuallockstoff eingesetzt werden. Interessant: Zwar bilden Männchen aller Prachtbienenarten derartige Parfüms, doch in ihrer chemischen Zusammensetzung sind diese auch zwischen nah verwandten Arten recht unterschiedlich. Warum das so ist, wird aktuell noch erforscht.

26.

Brücken, die zwischen Deutschland und Luxemburg über die Flüsse Mosel, Sauer und Our führen, …?

A: sind die einzigen Mautbrücken, die auf deutsches Gebiet reichen

B: werden von beiden Staaten gleichermaßen unterhalten

C: dürfen nur mit einer Sondergenehmigung befahren werden

B: werden von beiden Staaten gleichermaßen unterhalten

Die Maut ist immer wieder ein aktuelles Thema. Und Sondergenehmigungen? Nun ja, wer weiß, für was die alles nötig sind! Im Fall der Grenze zwischen Deutschland und Luxemburg geht es jedoch weder um das eine noch um das andere, sondern schlicht um – Kosten. Genauer: um Unterhaltskosten für die Brücken, die über die drei Grenzflüsse Mosel, Sauer und Our führen. Diese Kosten teilen sich nämlich die beiden Staaten einträchtig. Im Grenzvertrag von 1984 wurde festgelegt, dass die Flüsse gemeinschaftliches Hoheitsgebiet und somit beide Staaten für die Brücken zuständig sind. Zuvor hatten Spezialisten die Grenze vier Jahre lang untersucht.

Flüsse bildeten in alten Zeiten oft Grenzen zwischen Herrschaftsgebieten. Noch heute sind diese alten Verläufe manchmal zu erkennen. Und so folgt eben auch die Grenze zwischen Deutschland und Luxemburg Wasserstraßen. Auf insgesamt 127 von 135 Kilometern liegt die Grenze sogar genau auf den drei Flüssen. Weil diese durch zahlreiche Flussschlingen sehr gewunden sind, beträgt die Grenzlänge in der Luftlinie allerdings nur 67 Kilometer. An ihrem nördlichsten Punkt befindet sich das Dreiländereck Belgien-Deutschland-Luxemburg mit dem 1977 eingeweihten Europadenkmal.

27.
Worauf sollte beim Kauf einer gebrauchten Spiegelreflexkamera prinzipiell geachtet werden?

A: Anzahl der Auslösungen

B: Menge der Autofokussensoren

C: Lamellenzahl des Verschlusses

A: Anzahl der Auslösungen

Der äußere Schein kann bekanntermaßen trügerisch sein. Deswegen sollten Sie bei der Anschaffung einer gebrauchten Spiegelreflexkamera nicht nur auf das Gehäuse, sondern vor allem auf das Innenleben achten. Eine wichtige Größe ist hier die Anzahl der Auslösungen, also wie viele Fotos mit dem Gerät bereits gemacht wurden. Wie der Kilometerstand eines Gebrauchtwagens ist bei so einer Kamera die Auslösungszahl entscheidend, um bestimmen zu können, wie sehr sie bereits beansprucht wurde und welche potenzielle Lebenserwartung sie noch hat.

Im Gegensatz zu digitalen Geräten besitzt eine Spiegelreflexkamera eine komplizierte Mechanik, die bei jedem »Klick« verschleißt. Profi-Kameras sind deshalb auf circa 300 000 Auslösungen ausgelegt, Geräte für Hobbyfotografen leisten etwa die Hälfte. Die genaue Zahl der Auslösungen kann über spezielle Programme in Erfahrung gebracht oder im Bildbearbeitungsprogramm im Bereich »Detailinformationen« abgefragt werden. Achtung: Verlassen Sie sich nicht auf den Bildzähler der Kamera, denn dieser fängt nach 9999 wieder von vorne an und kann auch manuell zurückgesetzt werden. Gerade bei einer qualitativ hochwertigen Kamera kann die Reparatur der Mechanik übrigens oft günstiger sein als eine Neuanschaffung.

28.

Bei Marktschellenberg in Oberbayern wächst im Frühjahr und Herbst ...?

A: ein unterirdischer, gefrorener Wasserfall

B: ein Baum in einem Baum

C: ein übergroßer Eiszapfen, der aussieht wie eine Hand

A: ein unterirdischer, gefrorener Wasserfall

Wer in den Sommermonaten ein kühlendes und fast unwirkliches Erlebnis genießen will, sollte einen Ausflug zum Untersberg in Erwägung ziehen. Das nördlichste Massiv der Berchtesgadener Alpen gilt als der sagenreichste Berg der Alpen. Hier verläuft die Grenze zwischen Bayern und dem österreichischen Salzburg. Vor allem aber befinden sich im Inneren des Berges zahlreiche Höhlen, darunter die Schellenberger Eishöhle, Deutschlands einzige erschlossene Eisschauhöhle. Bereits 1826 wurde sie erstmals schriftlich erwähnt, ein halbes Jahrhundert später begann die Erforschung. Bis heute ist man mehr als dreieinhalb Kilometer ins Innere der Höhle vorgedrungen. Seit 1925 sind Teile als Schauhöhle für die Öffentlichkeit freigegeben.

Ihre 60 000 Kubikmeter Eis ergeben eine bis zu 30 Meter dicke Schicht. Sie bildet sich teilweise im Frühjahr durch gefrierendes Schmelzwasser neu. Selbst im Hochsommer liegt die Temperatur immer um den Gefrierpunkt. Und im Herbst wächst das Eis durch gefrierendes Sickerwasser bei Frost wieder nach. Der dadurch ständig sich verändernde Formenreichtum steht einer Tropfsteinhöhle um nichts nach. Wer eine rund 40-minütige Führung durch die etwa 500 freigegebenen Meter dieses Wunderwerks mitmachen möchte, muss gut zu Fuß und trittsicher sein. Denn die Eishöhle liegt auf 1570 Metern Höhe, was einen mehrstündigen Fußmarsch erfordert. Führungen finden nur von Juni bis Ende Oktober statt; auf eigene Faust darf man aus Sicherheitsgründen nicht in die Höhle.

29.
Was empfiehlt das Bundesinstitut für Risikobewertung für den Verzehr von Kräutertee?

A: regelmäßig Teesorten und Marken wechseln

B: lieber Rohrohrzucker anstelle von Honig verwenden

C: einmal abgekühlten Tee nicht wieder aufwärmen

A: regelmäßig Teesorten und Marken wechseln

Leider handelt es sich hier nicht um einen harmlosen Sturm im Wasserglas, sondern vielmehr um einen gesundheitlich bedenklichen »storm in a teacup«, wie es unsere englischen Nachbarn gerne ausdrücken: Untersuchungen des Bundesinstituts für Risikobewertung (BfR), eine wissenschaftliche Einrichtung des Bundesministeriums für Ernährung, Landwirtschaft und Verbraucherschutz, haben nämlich ergeben, dass einige Kräutertees eine hohe Konzentration gesundheitsschädlicher Pyrrolizidinalkaloide enthalten. Das sind Stoffe, die von vielen Pflanzen selbst gebildet werden, um Fressfeinde abzuwehren.

Die Substanzen selbst sind zwar harmlos, deren Abbauprodukte in der Leber gelten allerdings als gesundheitsschädlich und sind deswegen in Lebensmitteln unerwünscht. Diese natürlichen Abwehrstoffe gelangen entweder durch Beikräuter in die Teemischungen oder sind in den Kräutern selbst enthalten. Da der Gehalt innerhalb der Sorten stark schwankt und es auf die Höhe der Dosis ankommt, rät das Institut dazu, das Risiko zu streuen. Menschen mit hohem Teekonsum sollten daher regelmäßig sowohl die Teesorten als auch die Marken wechseln.

30.

Die Kathedrale von Lincoln in England ...?

A: wurde aus Versehen mit einem zusätzlichen Turm erbaut

B: löste um 1300 die Cheopspyramide als höchstes Bauwerk ab

C: wurde 1202 mit der ersten Orgel mit schwarzen Tasten ausgestattet

B: löste um 1300 die Cheopspyramide als höchstes Bauwerk ab

Sie ist die höchste Pyramide der Welt: die Cheops-Pyramide von Gizeh in Ägypten. Zwischen etwa 2620 und 2580 v. Chr. als Grabmal für den Pharao Cheops erbaut, zählte sie in der Antike zusammen mit ihren zwei benachbarten Schwesterpyramiden zu den Sieben Weltwundern. Als einziges von diesen sind die Pyramiden auch bis heute erhalten, die anderen fielen den Zerstörungskräften der Natur, des Menschen oder dem Zahn der Zeit zum Opfer. Doch dreieinhalb Jahrtausende hindurch hat die Cheops-Pyramide noch einen anderen Titel getragen: Mit ihren einst 146,59 Metern war sie das höchste Bauwerk der Welt. Bis in England die Kathedrale von Lincoln errichtet wurde.

1067, im Jahr nach der Eroberung Englands durch die Normannen, begann dieser Bau. 1311 wurde er in seiner heutigen Gestalt fertiggestellt – als eines der bedeutendsten Zeugnisse der Gotik. Damals besaß der Turm über der Vierung, also dem Ort, wo Längs- und Querschiff zusammentreffen, einen hölzernen Helm. Mit ihm war die Kirche ungefähr 160 Meter hoch und überragte damit als erstes Bauwerk nach so langer Zeit die Cheops-Pyramide. 1549 zerstörte jedoch ein Sturm den Helm, seither hat der Turm einen flachen Abschluss, und die Marienkirche in Stralsund war für die nächsten hundert Jahre das höchste Gebäude der Welt.

31.

Beim Precycling geht es darum, …?

A: bereits genutzte Materialien für einen neuen
Zweck zu verwenden

B: Dinge zu verschenken, statt sie zu wegzuwerfen

C: Verpackungsmüll gar nicht
erst entstehen zu lassen

C: Verpackungsmüll gar nicht erst entstehen zu lassen

An einzeln verpackte Käsescheiben oder mit Styropor umhüllte Elektrogeräte haben wir uns längst gewöhnt. Klar: Lebensmittel, die luftdicht verpackt sind, halten länger. Und beim Transport soll die Ware durch Verpackung geschützt sein. Aber die Folgen haben es in sich: Allein im Jahr 2018 entstanden hierzulande 18,9 Millionen Tonnen Verpackungsmüll, was einen neuen Rekord bedeutet. Damit das gar nicht so weit kommt, soll Precycling greifen. Sprich: Diesen Müll gar nicht erst entstehen lassen. Beispiele für die Umsetzung sind etwa Mehrwegflaschen oder Unverpackt-Läden, in denen Ware in mitgebrachte eigene Behälter abgefüllt werden kann.

Wenn Müll schon im Umlauf ist, kann man immerhin eine Menge davon re-cyclen, also wiederverwenden. Laut Umweltbundesamt war das 2018 immerhin in 69 Prozent der Fälle möglich. Doch je weniger Verpackungsmaterial zum Einsatz kommt, desto sinnvoller ist das – nicht nur für die Umwelt, sondern auch für die Wirtschaft: Waren mit weniger Drumherum könnten billiger werden, etwa, weil die Industrie Kosten für Herstellung und Entsorgung spart. Das Hauptargument gegen den Müll bleibt jedoch dessen Umweltbelastung – nicht zuletzt die unserer Meere.

Übrigens: Auch für unsere beiden anderen Antwortmöglichkeiten gibt es Begriffe: Bereits genutzte Materialien für einen neuen Zweck zu verwenden, nennt man Upcycling. Und wenn wir Dinge verschenken, statt sie zu wegzuwerfen, betreiben wir Freecycling.

32.

Hollywood-Regisseur Steven Soderbergh ist es gelungen, …?

A: unter drei verschiedenen Namen Filmpreise zu gewinnen

B: in jedem seiner Filme eines seiner Haustiere unterzubringen

C: Hauptrollen seit 2010 nur noch an Vegetarier zu vergeben

A: unter drei verschiedenen Namen Filmpreise zu gewinnen

Die Anzahl an Filmen, die der 1963 geborene Regisseur Steven Soderbergh seit 1989 gedreht hat, geht in die Dutzende. Bereits für seinen Spielfilm-Erstling »Sex, Lügen und Video« erhielt er als bis dahin jüngster Filmemacher die Goldene Palme bei den Filmfestspielen in Cannes. 12 Jahre später, 2001, heimste er für »Traffic – Macht des Kartells« den Oscar für die beste Regie ein. Kassenschlager wie »Erin Brockovich« oder die »Ocean's«-Reihe stehen ebenfalls auf der Habenseite. Doch Regie zu führen allein reicht dem in Atlanta, Georgia geborenen Sohn eines Professors für Erziehungswissenschaft und einer Psychologin offenbar nicht.

Er arbeitet auch als Kameramann, wofür er sich das Pseudonym Peter Andrews zugelegt hat – die beiden Vornamen seines Vaters. Und wenn er den Schnitt seiner Filme übernimmt, nennt er sich Mary Ann Bernard, was – richtig geraten! – der Mädchenname seiner Mutter ist. Das Phänomenale: In beiden Fällen hat Soderbergh ebenfalls schon Preise abgeräumt, etwa im Fall seines Liberace-Biopics, für das er 2013 den Schnitt übernahm. Warum er hier nicht seinen eigenen Namen verwendet? Die Begründung: Er möchte nicht, dass dieser zu inflationär im Abspann auftaucht: »Ich möchte meinen Namen nur einmal dort stehen haben. Wenn er zu oft erscheint, wird er verwässert.« Mal sehen, ob er auch noch einmal als Sam Lowry einen Preis gewinnt. Unter diesem Pseudonym hat er nämlich schon als Co-Autor an einem Drehbuch mitgewirkt.

33.
Je feiner Kaffee gemahlen ist, desto …?

A: fruchtiger schmeckt er

B: schneller schmeckt er bitter

C: gesünder ist er

B: schneller schmeckt er bitter

Da will man endlich mal eine neuen Kaffeesorte oder die sündteure Kaffeemaschine ausprobieren. Und dann das: Der Kaffee schmeckt bitter! Nun, mitentscheidend für die gelungene Zubereitung von Kaffee ist dessen Mahlgrad. Eine falsche Einstellung beeinflusst den Kaffeegeschmack enorm und kann letztlich schuld daran sein, wenn eine wässrige oder bittere Plörre entsteht.

Grundsätzlich gilt: Mahlgrad und Kontaktzeit mit dem Wasser beeinflussen einander. Je feiner der Mahlgrad, desto kürzer ist auch die Kontaktzeit mit dem Wasser. Bei fein gemahlenen Bohnen werden mehr Aromen, aber auch mehr Bitterstoffe aus dem Kaffee extrahiert. Der Kaffee wird also schnell bitter und stark. Ist er zu grob, schmeckt der Kaffee hingegen eher säuerlich und wässrig. Als Faustregel gilt: Feiner Mahlgrad ist am besten geeignet für Maschinen, die mit hohem Druck arbeiten, also zum Beispiel Espressomaschinen. Mittlerer eignet sich vor allem für Filterkaffee und grober für die Pressstempelkanne, auch French Press genannt. Hier wird der Kaffeesatz mithilfe eines Stempels mit Sieb nach unten gedrückt.

Aber nicht nur der Mahlgrad bestimmt den Kaffeegeschmack. Auch auf die Art der Bohnen (vor allem Robusta oder Arabica) oder die richtige Röstung (hell oder dunkel) kommt es an. Die richtige Kaffeezubereitung – das kann eine Wissenschaft für sich sein.

34.

»Kontaktstrecken« helfen …?

A: beim kabellosen Aufladen von Geräten über mehrere Meter

B: bei der Präsentation von Ware im Supermarktregal

C: bei der Suche nach potenziellen Mitarbeitern auf Jobbörsen

B: bei der Präsentation von Ware im Supermarktregal

Kontakt kann alles Mögliche sein: eine elektrische Verbindung, eine Verbindung von Mensch zu Mensch ... Bei Kontaktstrecken, auch Facings genannt, handelt es sich aber um die Verbindung zwischen Mensch und Ware. Was, so fragten sich Marketing-Experten, hilft dabei, Kunden auf die Auslagen im Supermarktregal aufmerksam zu machen? Es gilt, die Strecke, die die Menschen im Supermarkt zurücklegen, optimal zu nutzen, sodass sie bei möglichst vielen Dingen zugreifen und am Schluss mit vollgeladenem Einkaufswagen die Kasse ansteuern.

Mittlerweile weiß man: Je länger die Strecke ist, auf der die Kunden den betreffenden Artikel sehen, desto größer die Wahrscheinlichkeit, dass er gekauft wird. Doch Platz ist begrenzt im Laden. 30 Zentimeter Breite im Regal sollten es aber mindestens sein, das fand der Diplom-Psychologe und Experte für Konsumverhalten Hans-Georg Häusel heraus. Alles, was darunter liegt, können wir nicht gut registrieren, es wird vom Gehirn ausgeblendet. Wenn ein Produkt schmäler ist, müssen deshalb mehrere nebeneinander aufgebaut werden, um diese nötige Präsentationsbreite zu erreichen.

35.
Um zu verhindern, von einer Mücke gestochen zu werden, reicht es, …?

A: vor ihr wegzulaufen

B: auf der Stelle zu hüpfen

C: kurzzeitig aus ihrem Sichtfeld zu verschwinden

A: vor ihr wegzulaufen

Sie können uns zur Verzweiflung bringen, wenn sie uns mit nervtötendem Surren umkreisen und an unser Blut wollen. Stechmücken folgen ihrem Geruchssinn und orientieren sich auch am Kohlendioxidgehalt der Atemluft. Haben sie uns gefunden, können wir aber getrost die Flucht ergreifen, denn Mücken fliegen durchschnittlich nicht schneller als zweieinhalb Kilometer pro Stunde.

Allerdings kommt die Methode in Innenräumen eher nicht in Frage. Aber auch hier gibt es effektive Möglichkeiten, die lästigen Insekten ohne Einsatz chemischer Mittel zu vertreiben. Wenn Sie Fliegengitter vor den Fenstern anbringen, kommen die Plagegeister erst gar nicht ins Haus. Der Einsatz von ätherischen Ölen wie Zedernholz, Eukalyptus und Zitrusölen hilft ebenfalls bei der Mückenabwehr, da die Tiere sehr geruchsfixiert sind. Deswegen können sie auch bestimmte Pflanzen gar nicht leiden: Um Lavendel, Rosmarin, Tomatenstauden und Minze fliegen sie einen großen Bogen.

Natürlich hilft es auch, Wasseransammlungen in der Umgebung zu vermeiden, sodass kein weiterer Nachwuchs unfreiwillig aufgezogen wird. Leeren Sie also Gießkannen und Vogeltränken in regelmäßigen Abständen aus. Regentonnen sollten hermetisch abgedeckt werden, denn die Mücke nutzt die kleinste Lücke, um ans Wasser zu gelangen und ihre Eier abzulegen.

36.

**Die Fußball-WM 1954 war die erste,
bei der die deutsche Mannschaft ...?**

A: ihre Schienbeine mit Schonern schützte

B: mit Schraubstollen spielte

C: Trikots aus atmungsaktivem Polyester trug

B: mit Schraubstollen spielte

Flexibel zu sein ist immer gut, auch im Fußball. Trainer müssen wissen, wann sie welche Spieler aus- und einwechseln sollten, um ein Spiel doch noch zu drehen. Zum Sieg der Deutschen über den haushohen Favoriten Ungarn beim WM-Endspiel am 4. Juli 1954 in Bern trug jedoch noch eine andere Art der Flexibilität bei. Die ganze WM hindurch spielte das deutsche Team mit abschraubbaren Stollen – so auch beim Finale. Die Ungarn hingegen traten, wie damals üblich, in Nockenschuhen an. Weil es nun zum Anpfiff des Endspiels in Strömen regnete, nutzten die Deutschen die Halbzeitpause, um längere Stollen an die Sohlen zu schrauben. So hatten sie einen besseren Stand, gewannen am Ende mit 3 : 2 und holten den Titel. Um die Frage, wer die Schraubstollen erfunden habe, Adi Dassler (adidas) oder sein Bruder Rudolf (Puma), entbrannte übrigens im Vorfeld der WM 2006 ein Streit.

Heute ist wegen der verschiedenen Untergründe (Naturrasen, Kunstrasen, Asche …) die Frage der richtigen Schuhprofile eine Wissenschaft für sich. In der Bundesliga sind Stollen bis zu 16 Millimeter Länge erlaubt. Und statt während eines Spiels Stollen umzuschrauben, werden meist einfach die Schuhe gewechselt.

37.
Während der Arktische Ziesel Winterschlaf hält, …?

A: sinkt seine Körpertemperatur auf bis zu minus 2,9 Grad Celsius

B: schlägt sein Herz phasenweise nur einmal pro Stunde

C: wacht er einmal in der Woche auf, um spazieren zu gehen

A: sinkt seine Körpertemperatur auf bis zu minus 2,9 Grad Celsius

Manche Regionen der Erde sind so lebensfeindlich, dass Tiere besondere Strategien entwickeln müssen, um zu überleben. Der arktische Ziesel, ein tagaktives Nagetier, das in Sibirien, Kanada und Alaska vorkommt, wurde so zu einem absoluten Minimalisten. Bevor die Temperaturen draußen um bis zu minus 50 Grad fallen, zieht sich das Erdhörnchen gemütlich in seinen Bau tief unter der Erde zurück, um diese unwirtliche Zeit einfach zu verschlafen.

Bis zu acht Monate kann dieser Winterschlaf dauern, in der der Langschläfer von seinen eigenen Fettreserven lebt. Da heißt es vor allem Energie sparen und Stoffwechsel runterfahren – und darin ist der Ziesel besonders gut. Er reduziert seine Körperfunktionen auf ein Minimum, was bedeutet: In einer Minute atmet er nur noch einmal, während sein Herz statt bis zu 200 nur drei bis fünf Mal schlägt. Dabei kann seine Körpertemperatur von 37 Grad auf bis zu minus 2,9 Grad Celsius absinken. Eine Art internes Frostschutzprogramm sorgt dafür, dass das Blut von Partikeln gereinigt wird, an denen Eiskristalle entstehen könnten. So bleibt das Blut selbst bei Minusgraden flüssig.

38.

**Welches Hobby eines Prominenten
landete 2019 in den Schlagzeilen?**

A: Sting häkelte im Tour-Bus Verkleidungen für
seine Mikrofonständer.

B: Rod Stewart mietete auf Tour Zimmer für seine
Modelleisenbahn an.

C: Arnold Schwarzenegger wurde US-Meister
im Zauberwürfellösen.

B: Rod Stewart mietete auf Tour Zimmer für seine Modelleisenbahn an.

Seine erste Spielzeugeisenbahn bekam Rod Stewart im Alter von sieben Jahren. Zu Beginn seiner Teenagerjahre baute er sich eine erste Anlage auf einem 1,80 x 1,20 Meter großen Brett. Dann bekam zunehmend die Musik Vorrang, doch die Liebe zur Modelleisenbahn gab der Rockstar nie auf. »Es ist für mich fast schon wie eine Sucht – ich gehe völlig darin auf«, gesteht er in seiner köstlich zu lesenden Autobiografie aus dem Jahr 2012 und erwähnt voller Stolz, dass ihn die National Railroad Association of America zum Master Model Railroader ernannt hat. Und dass ihn nichts mehr ärgert, als wenn jemand von einer »Spielzeugeisenbahn« spricht.

In seinem Haus in Los Angeles steht das gute Hightech-Stück seit Mitte der 1990er-Jahre in einem Zimmer, das etwa 16 x 7 Meter groß ist. Dabei handelt es sich um den Nachbau einer US-Stadt im Stil der 1940er-Jahre. Manche Miniatur-Wolkenkratzer sind bis zu 1,50 Meter hoch. Und weil eine Modelleisenbahnanlage nie wirklich fertig ist, gibt es immer was zu basteln. Auch auf Tournee. Drei gepolsterte Flightcases mit Farben, Werkzeugen und den Modellen, an denen er gerade arbeitet, begleiten ihn überall hin, was vor allem bei der Auswahl der Hotels wichtig ist. Ein extra Zimmer für sein Hobby ist quasi Pflicht. Übrigens ist Rod Stewart nicht der einzige Rockmusiker mit dieser Leidenschaft: Unter anderem mit seinem Sangeskollegen Roger Daltrey von The Who ist Rod in eifrigem Mail-Kontakt.

39.

Die indonesische Großstadt Bandung versucht, Kinder von ihren Handys wegzulocken, indem sie ...?

A: den Datenverkehr zwischen 16 und 18 Uhr verlangsamt

B: ihnen Hühnerküken schenkt

C: tägliche Schatzsuchen durch die Stadt organisiert

B: ihnen Hühnerküken schenkt

Mit den lieben Handys ist das so eine Plage – das Abtauchen in digitale Welten ist vor allem für Kinder eine verführerische Ablenkung, in die sie sich gern über Stunden hinweg begeben. Nicht nur für Eltern ist es eine erzieherische Herausforderung, die Nutzungszeiten sinnvoll einzuschränken und notfalls auch ein Alternativ-Programm zu starten. Eine Schatzsuche kann da schon mal helfen und vielleicht auch ein Verlangsamen des Datenverkehrs, aber sicher nicht auf Dauer.

In Indonesien hat sich nun der Bürgermeister der 2,5-Millionenstadt Bandung auf der Insel Java Gedanken gemacht, wie er Kinder vom Smartphone weglocken kann. Eine Umfrage hatte nämlich ergeben, dass Schulkinder täglich drei Stunden im Internet unterwegs sind und teilweise sogar noch deutlich mehr Zeit in virtuellen Welten verbringen. Mit seiner Kampagne »Huhn statt Handy« wurden 2000 Küken an Kinder in zwölf Schulen verschenkt. In kleinen Käfigen mit der Aufschrift »Pass gut auf mich auf« wurden die süßen, flaumigen Tierchen übergeben. Die Schüler sollen auf diese Weise lernen, ihr Tier zu lieben, es zu füttern und vor allem Verantwortung zu übernehmen. Das erfordert natürlich Disziplin und vor allem Durchhaltevermögen, zwei Eigenschaften, die so ganz nebenbei auch noch vermittelt werden sollen. Bleibt zu hoffen, dass die »Hühnerisierung« auch den gewünschten Langzeiteffekt erzielt.

40.

**»Rocky Style« und »Water Style«
sind Disziplinen bei ...?**

A: der Weltmeisterschaft im Extrembügeln

B: der alljährlichen Barbiermeisterschaft

C: den Deutschen Meisterschaften im Dackelrennen

A: der Weltmeisterschaft im Extrembügeln

Leicester, Großbritannien, 1997. Dem Fabrikarbeiter und Bergsteiger Philip Shaw ist die Hausarbeit zu langweilig. Kurzerhand entschließt er sich zu einer Bergtour, um in der freien Natur die Bügelarbeit fortzusetzen. Die Geburtsstunde des Extrembügelns! In den Folgejahren schließen sich immer mehr Gleichgesinnte an und es werden sogar Weltmeisterschaften ausgetragen. Die Disziplinen nennen sich unter anderem: »Rocky Style« – im Hochgebirge – und »Water Style« – Extrembügeln unter Wasser.

Der Deutsche Kai »Hot Crease« Zosseder, der Shaw im Jahr 2000 in Neuseeland kennengelernt hatte, gründete noch im selben Jahr in München die »German Extreme Ironing Section« (GEIS), die zwei Jahre später die erste Weltmeisterschaft organisierte. Der Sport ist im Übrigen nichts für Weicheier. Denn gebügelt wurde bereits auf dem Kilimandscharo in 5895 Metern Höhe oder gar auf der Spitze des höchsten Bergs Amerikas, dem Aconcagua in 6962 Metern Höhe. Andere schwangen ihre Bügeleisen unter Wasser in fast 140 Meter Tiefe. Und selbst der London-Marathon sah Teilnehmer, die über die 42-Kilometer-Strecke ihr Bügelbrett mit sich schleppten. Man sieht: Es braucht Kraft und Kondition, um diese witzigen Wettkämpfe zu bewältigen. Dass diverse Waschmittelhersteller und Bügeleisenproduzenten die Events als Marketing-Plattform nutzen, ist also kein Wunder.

41.

Forscher identifizierten am Meeresboden gefundene Gebilde, die aussehen wie getragene lila Socken, als …?

A: abgestreifte Häute von Aalen

B: eine urtümliche Strudelwurmart

C: Ausscheidungen von Seekühen

B: eine urtümliche Strudelwurmart

Als ein paar Meeresbiologen zu Anfang des Jahrtausends ihre ferngesteuerten Tauchroboter vor Mexiko und Kalifornien in etwa 1200 Metern Tiefe spazieren fahren ließen, entdeckten sie vier höchst seltsame Lebewesen: Die Forscher vom Monterey Bay Aquarium Research Institute gaben den eigenartigen Geschöpfen aufgrund ihres Aussehens den Spitznamen »lila Socken«, und zwar eher die getragene Variante. Das Quartett war nicht das erste seiner Art, das Forscher seit Jahrzehnten rätseln ließ. Schon vor rund hundert Jahren wurden sogenannte Xenoturbellae (»fremde Strudelwürmer«) erstmals vor Schweden gesichtet. Aber erst 1949 beschrieb man sie wissenschaftlich – ohne genau klären zu können, worum es sich eigentlich handelte.

Das ist jetzt klarer geworden: Nachdem die Forscher über Jahre rund 1200 Gene der »lila Socken« analysiert hatten, wurde ihnen klar, dass es sich um ein sehr frühes Entwicklungsstadium der tierischen Evolution handeln muss: Die Xenoturbellae haben weder Hirn noch Augen, Kiemen oder Anus. Und besaßen das auch in grauer Vorzeit nicht. Alles, was sie fressen – vermutlich Muscheln und Schnecken –, nehmen sie mit einem riesigen Maul auf, das auch der Ausscheidung dient.

Übrigens gibt es nicht nur »lila Socken«, sondern mindestens vier weitere Arten. Die Xenoturbella churro etwa sieht aus wie das gleichnamige spanische Fettgebäck. Und die Xenoturbella monstruosa ist mit 20 Zentimetern Länge ein wahres Ungetüm ...

42.
Das Bruttoinlandsprodukt ...?

A: berechnet auch im Ausland lebende Deutsche mit ein

B: wird seit 1969 jedes Jahr anders berechnet

C: beinhaltet auch illegale Geschäfte

C: beinhaltet auch illegale Geschäfte

Als die Deutschen am 1. September 2014 erwachten, war ihr Bruttoinlandsprodukt (BIP) von heute auf morgen um sagenhafte 3 Prozent angestiegen. Wie konnte das sein? Zu diesem Stichtag war die Berechnung des BIP auf das Europäische System Volkswirtschaftlicher Gesamtrechnung, kurz ESVG, umgestellt worden. Fortan wurden bei der Erfassung der Wertschöpfung nicht nur die legalen Waren und Dienstleistungen einbezogen, sondern auch die illegalen Aktivitäten Drogenhandel und -produktion, Tabakschmuggel und Prostitution. Letztere ist in Deutschland zwar legal, in manch anderen EU-Staaten allerdings nicht.

Die Daten aus der Schattenwirtschaft können nur anhand von Modellrechnungen und durch den Austausch mit dem Bundeskriminalamt geschätzt werden. Kritiker bemängelten, durch ihre Einbeziehung werde die Statistik geschönt. Aus dem Bundeswirtschaftsministerium hieß es jedoch, der Effekt der illegalen Aktivitäten auf das BIP sei »gering«. Übrigens waren schon vor September 2014 diejenigen Aktivitäten der Schattenwirtschaft im BIP enthalten, die legal sind und bei denen »nur« Steuern und Sozialabgaben vermieden werden – etwa Schwarzarbeit oder Verkauf ohne Rechnung.

43.
Was ist das Besondere an einem Acker in Isernhagen bei Hannover?

A: Er ist denkmalgeschützt.

B: Er kann nur von West nach Ost gepflügt werden.

C: Er hat eine eigene Ampelanlage.

C: Er hat eine eigene Ampelanlage.

Isernhagen mit seinen sieben Ortsteilen grenzt an die große Stadt Hannover. Mag sein, dass deswegen zu den Besonderheiten der Gemeinde die Tatsache zählt, dass sie nach dem Durchschnittseinkommen ihrer Bewohner die reichste Kommune Niedersachsens ist. Doch da gibt es noch etwas Besonderes – und das könnte glatt aus einem Programm des Comedians Oliver Pocher stammen, der einmal die Realschule von Isernhagen besucht hat: eine Ampel für einen Ackerweg.

Die Geschichte geht so: Direkt an der Kreisstraße K325, die durch den Ort führt, liegt der Acker von Fritz-Gerald Thies. Der Landwirt staunte nicht schlecht, als die Behörde der Region Hannover im Jahr 2008 extra eine Ampel zu seinem Feld installieren ließ. Begründung: Die Fahrzeuge seien auf der Straße ziemlich schnell unterwegs, deswegen sei die Auffahrt vom Acker auf die Kreisstraße gefährlich. Für den betroffenen Landwirt ist das ein »Schildbürgerstreich«. Denn zum einen fährt er nur einmal im Monat auf seinen Acker, und zum anderen dauert es dann viele Minuten, ehe die Anlage für ihn und seinen Traktor auf »Grün« umschaltet, damit er wieder heimfahren kann.

Damit nicht genug: Wer zu Fuß an dieser Stelle die Straße ins Nirgendwo passieren will, hat sogar eine eigene Fußgängerampel. Für den Bund der Steuerzahler eine klare Sache. Dort nennt man das Werk schlicht und einfach »Gaga-Ampel«. Aber offensichtlich kann man sie sich leisten ...

44.

Über 90 Prozent ...?

A: der weltweiten Safranproduktion stammen aus dem Iran

B: aller Nationalflaggen haben mindestens einen Querstreifen

C: aller Suchanfragen im Internet werden über das Handy getätigt

A: der weltweiten Safranproduktion stammen aus dem Iran

Es klingt plausibel: 90 Prozent aller Suchanfragen per Handy? Schließlich haben wir es fast immer dabei. Doch die Statistiken der größten Suchmaschinen haben ergeben, dass 2019 nur etwa 60 Prozent aller Online-Suchanfragen über Handys getätigt wurden. Ebenso ist es mit den Flaggen – mindestens einen Querstreifen haben doch alle, könnte man denken. Tatsächlich aber weist nur etwa die Hälfte der Flaggen aller 193 Mitgliedsstaaten der Vereinten Nationen einen oder mehrere Querstreifen auf.

Der Safran aber stammt meistenteils, nämlich zu über 90 Prozent, tatsächlich aus dem Iran. Dort war er schon vor zweieinhalb Jahrtausenden eine begehrte Ware. Das »rote Gold«, wie das Gewürz wegen seiner charakteristischen Farbe auch heißt, wird allerdings nicht auf Basaren verkauft, sondern in edlen Geschäften – schließlich ist Safran eines der teuersten Gewürze der Welt. Gewonnen wird es aus den getrockneten Narben von Krokussen. Die Ernte ist Handarbeit, das macht den Safran so wertvoll. Angebaut wird er vor allem im Osten Irans. Aber auch im Mittelmeerraum, in Afghanistan und Kaschmir und zu einem kleinen Teil in Österreich und der Schweiz ist er heute heimisch.

45.
Beim Liebesspiel von Glühwürmchen ...?

A: erlischt ihr Licht

B: bringen Männchen die Weibchen zum Leuchten

C: entsteht kurzzeitig eine Helligkeit von etwa 500 Lumen

A: erlischt ihr Licht

Vor 120 Jahren schrieb der »Vater der Berliner Operette« Paul Lincke das »Glühwürmchen-Idyll«, in dem es heißt: »Glühwürmchen, flimmre, Glühwürmchen, schimmre. Führe uns auf rechten Wegen, führe uns dem Glück entgegen.« Manchmal können wir in lauen Juni- und Julinächten den Paarungstanz dieser Tierchen beobachten – vor allem in dunklen Gärten, Parks, auf Wiesen und an Waldrändern. Leider führt das Leuchten die Würmchen, die in Wahrheit Käfer sind, keineswegs zum Glück, sondern zu deren nahem Ende. Bereits als Larven sammeln die auch Leuchtkäfer genannten Wesen Energie für ihre nur wenige Tage andauernde Paarungszeit.

Von der Spitze von Grashalmen aus senden die Weibchen mit ihrem leuchtenden Hinterteil Signale an die Männchen. Je heller sie leuchten, desto größer die Chance, ein Männchen zu ergattern. Die stürzen sich quasi im Flug auf die Auserwählte. Viel Zeit für die Flitterwochen haben sie nicht, denn den ausgewachsenen Tieren bleiben gerade einmal drei Wochen. In denen leben sie ausschließlich von Luft und Liebe. So schön wir Menschen das Ganze finden mögen: Der Lichtertanz steckt voller romantischer Tragik. Denn sobald sich ein Paar gefunden hat, löscht das Weibchen ihr Licht. Nach geglückter Paarung stirbt das Männchen umgehend. Das Weibchen legt noch seine Eier ab und stirbt dann ebenfalls. Nun wird es dunkel – bis eine neue Generation Glühwürmchen den Nachthimmel erleuchtet.

46.

Wegen einer Steuererhöhung in Spanien im Jahr 2012 ...?

A: verkauften Supermärkte statt Tafelwasser offiziell Regenwasser

B: wurde in einem Theater bei Comedy-Shows pro Lacher bezahlt

C: dekorierten Restaurants ihre Speisen mit Schnittblumen statt Salat

B: wurde in einem Theater bei Comedy-Shows pro Lacher bezahlt

»Pay per Laugh« – »Bezahlen pro Lacher« heißt das Bezahlmodell, das der Comedy-Club »Teatreneu« in Barcelona testweise entwickelt hat, um Einnahmerückgänge nach einer Steuererhöhung aufzufangen. 2012 waren in Spanien die Steuern auf Eintrittskarten für Kino, Konzerte und Theater von acht auf 21 Prozent erhöht worden. Zwei Jahre später, am 10. April 2014, fand in dem Club in zwei Vorstellungen ein Experiment statt: Der Eintritt war an diesem Abend frei. Stattdessen sollte per Lacher bezahlt werden. Jedes Lachen kostete 30 Cent. Bei den Zuschauern erkannten Tablets, die an den Rückenlehnen der Vordersitze montiert waren, die Lacher. Auf der Bühne: der Komiker Angel Galán, der bereit war, unter diesen besonderen Umständen aufzutreten.

Eine Stunde dauerte die Vorstellung, und im Schnitt lachte jeder Zuschauer 48-mal. Manche lachten nur viermal, andere 147-mal. Maximal wurden 80 Lacher abgerechnet, also 24 Euro. Nach Angaben des Theaters wurden auf diese Weise rund 6 Euro pro Person mehr eingenommen als sonst. Aus aller Welt meldeten sich Theater, die das Modell übernehmen wollten. Doch die Software war noch zu ungenau – und mittlerweile wurde die Steuererhöhung in Spanien auf zehn Prozent abgemildert.

47.

Ein Bäcker aus Moosinning in Oberbayern sorgte Anfang 2020 für Schlagzeilen mit dem Verkauf von …?

A: Brezeln, bestreut mit Zahnpastaflocken

B: Croissants mit eingebackenen gelben Westen

C: Faschingskrapfen, verziert mit essbaren Kassenbons

C: Faschingskrapfen, verziert mit essbaren Kassenbons

Die meisten von uns werden sich noch erinnern: Zu Beginn des Jahres 2020 wurde die Kassenbon-Pflicht eingeführt. Jeder Unternehmer wurde dazu verdonnert, seinen Kunden einen Kassenbon anzubieten, was nicht wenige für ein Bürokratiemonster hielten. Ein Bäckermeister aus der Gemeinde Moosinning unweit von München protestierte in der Faschingszeit jenes Jahres mit einer aufsehenerregenden und humorvollen Aktion. Ludovic Gerboin, seines Zeichens Inhaber eines deutschen und eines französischen Meisterbriefs im Bäcker- und Konditorhandwerk, entwarf einen Kassenzettel aus Fondant, einer Zuckermasse. Produziert mit einem Lebensmitteldrucker, wurden diese täuschend echt aussehenden, vor allem aber essbaren Bons, auf spezielle Krapfen geklebt. Deren Füllung bestand aus leckerer Vanille-Mascarpone-Sahne mit Himbeere. Der Preis: 2,20 Euro inklusive Mehrwertsteuer. Alles ausgewiesen ...

Kein Wunder, dass dieser Einfall gut ankam – bei den Kunden, aber auch bei den Medien, die ausführlich über die kreative Idee des cleveren Franzosen berichteten. Auch das Finanzamt München reagierte. Laut Gerboin wurden von dort die Bon-Krapfen reichlich bestellt. Den Müllsack neben der Kasse mit den echten Bons gibt es allerdings nach wie vor. Denn die Karneval-Kreation ersetzte leider nicht den Original-Bon. Und die Aktion war sowieso auf die Faschingszeit begrenzt. Danach verschwanden die guten Bon-Krapfen wieder aus dem Regal.

48.

Eine Laserkanone, die der Norweger Esben Beck erfunden hat, dient dazu, …?

A: Lachse zu entlausen

B: Haien zu entkommen

C: Meerwasser zu entsalzen

A: Lachse zu entlausen

Präzise ist sie, das muss man ihr lassen. Die Laserkanone, die der Norweger Esben Beck im Jahr 2010 zum Patent anmeldete, schafft es, innerhalb von sieben Millisekunden eine nur 15 Millimeter große Seelaus zu erkennen, die es sich auf einem Seelachs gemütlich gemacht hat – und diese abzuschießen. Der Unterwasser-Roboter ist so groß wie ein Kühlschrank. Er scannt in Lachsfarmen die Fische mittels Stereokameras und Bilderkennungssoftware. Wenn er den Feind ausgemacht hat, berechnet der schlaue Computer den Weg des betreffenden Lachses im Wasser und richtet bewegliche Spiegel so aus, dass sein starker grüner Laserstrahl die einzelne Laus ohne Wenn und Aber trifft. Von den glänzenden Schuppen der Fische prallt der Laserstrahl ab.

Pro Tag entfernt »Stingray«, wie das Gerät heißt, auf diese Weise Zehntausende Seeläuse – rund um die Uhr. Und das ganz ohne der Umwelt oder den Fischen zu schaden. Mittlerweile sind mehr als 250 Roboter in über 150 Netzgehegen norwegischer Lachsfarmen im Einsatz. Esben Beck ist übrigens Autodidakt. Und seine Erfolgsgeschichte begann, wie andere dieser Art, in ... nein, nicht in einer Garage wie bei Steve Jobs und Apple, sondern in einem Keller.

49.
Der immer häufiger auch hierzulande angebotene schwarze Knoblauch …?

A: ist gegart schärfer als im Rohzustand

B: hinterlässt keinen Mundgeruch

C: darf nicht geschnitten, sondern nur als Ganzes gekocht werden

B: hinterlässt keinen Mundgeruch

Einerseits hat sich die Knoblauchzehe als Gewürz und Gemüse längst in unseren Küchen etabliert. Andererseits hat gewöhnlicher Knoblauch Eigenschaften, derentwegen ihn viele Menschen meiden: Er schmeckt scharf und erzeugt oft Mundgeruch. Anders ist das bei schwarzem Knoblauch, auch bekannt unter dem Namen black garlic. Angebaut wird er in Asien, aber auch in Spanien. Gewöhnlicher weißer Knoblauch reift dort ohne chemische Zusätze bei ca. 70 Grad Hitze und 80 Prozent Luftfeuchtigkeit. Dabei erzeugen Zucker und Aminosäuren in den Knoblauchzehen sogenannte Melanoidine; das sind gelbbraune bis schwarz gefärbte stickstoffhaltige organische Verbindungen. Sie sind für die schwarze Farbe der Knoblauchzehen verantwortlich. Weil die schwefelhaltige Verbindung Allicin während des Reifevorgangs umgewandelt wird, hinterlässt schwarzer Knoblauch zudem keinen Mundgeruch.

Die Reifung verschafft dem schwarzen Knoblauch zudem eine weiche, teilweise fast klebrige Konsistenz sowie einen süß-säuerlichen Geschmack nach Lakritz, Balsamico-Essig und Pflaumenkompott. Da man nach dem Genuss nicht unangenehm aus dem Mund riecht, lässt sich die tolle Knolle auch prima roh und unbehandelt verzehren. Vor allem aber eignet sie sich hervorragend zum Verfeinern von Nudel-, Fleisch- und Fischgerichten. Auch Salate und Soßen können damit aufgepeppt werden. Selbst als Pizzabelag ist der schwarze Knoblauch geeignet. Und zu guter Letzt gilt er auch noch als gesünder als normaler Knoblauch.

50.

Dank des 1915 von Max Fleischer erfundenen Rotoskops war es fortan möglich, ...?

A: Bewegungen realer Personen auf Zeichentrickfiguren zu übertragen

B: Kettenkarusselle deutlich sicherer zu gestalten

C: Werbetafeln mit selbstständig wechselnden Plakaten auszustatten

A: Bewegungen realer Personen auf Zeichentrickfiguren zu übertragen

Bevor Walt Disney den Trickfilmmarkt beherrschte, war Max Fleischer der unumstrittene König auf diesem Gebiet. Im Studio des US-amerikanischen Cartoonisten und Trickfilmproduzenten polnischer Herkunft entstanden zwischen 1933 und 1942 zum Beispiel 108 Cartoons über Popeye, den spinatliebenden Seemann. Max Fleischer ist jedoch auch aus einem anderen Grund in die Filmgeschichte eingegangen: Er ist Erfinder des Rotoskops – eines 1915 entwickelten Gerätes, mit dem man Trickfilmfiguren täuschend echte Bewegungen verleiht.

Das Ganze funktionierte so: Zuvor aufgenommene Filmsequenzen wurden mithilfe eines Projektors von hinten auf eine Scheibe aus Mattglas geworfen. Auf diesem Bildschirm zeichnete dann der Animator jede einzelne Bewegung nach – das Prinzip ähnelte im Grunde dem Durchpausen. Es wurde besonders dann genutzt, wenn menschliche Trickfilmfiguren anspruchsvolle Bewegungen absolvieren sollten, etwa in Tanzszenen. 1917 erhielt Max Fleischer für seine Erfindung ein Patent. Als es 17 Jahre später ablief, begannen auch andere Trickfilmstudios die Technik der Rotoskopie zu nutzen. Der Einzug des Computers in die Trickfilmstudios veränderte schließlich das Verfahren.

51.
Sogenannte Piwi-Rebsorten …?

A: enthalten einen zuckerfreien Süßstoff

B: sind resistent gegen schädliche Pilzkrankheiten

C: können nur blühen, wenn Tauben sich an ihnen gerieben haben

B: sind resistent gegen schädliche Pilzkrankheiten

Die schlimmsten Feinde des Winzers sind Echter und Falscher Mehltau sowie Botrytis. Diese Pilzkrankheiten können ganze Ernten vernichten. Auf herkömmlichem Weg kann man die Rebstöcke nur durch den Einsatz von Pestiziden schützen. Das belastet aber die Umwelt und letztlich auch den Wein. Analysen des statistischen Amtes der EU (EuroStat) ergaben: Im Vergleich aller landwirtschaftlichen Produkte, die in der EU produziert werden, liegt der Pflanzenschutzmittel-Einsatz pro Hektar und Jahr im Weinbau mit Abstand an der Spitze.

Seit ein paar Jahren werden nun Piwi- (also PIlzWIderstandsfähige) Rebsorten gezüchtet, die gegen Pilzkrankheiten resistent sind. Piwi-Sorten entstehen durch die Kreuzung verschiedener herkömmlicher Rebsorten, vornehmlich aus Amerika und Europa. Dabei bekommt jede neue Kreuzung auch einen neuen Namen. Entsprechend groß ist die Zahl an Piwi-Sorten quer durch alle Weinanbauländer. Im Jahr 2000 wurde mit der PIWI International eine weltweit agierende Arbeitsgemeinschaft gegründet, die der Förderung dieser Rebsorten dient. Die wichtigsten Vorteile von Piwi-Reben sind geringerer Pestizid-Einsatz, weniger Umweltschäden und auf lange Sicht geringere Produktionskosten für die Weinbauern. Außerdem gilt: Bei der Züchtung von Piwi-Sorten darf keine Gentechnik angewendet werden.

52.

2010 wurde Feldheim in Brandenburg der erste Ort Deutschlands, …?

A: in dem sich alle Bewohner mit geteilten Leihautos fortbewegen

B: der ein in sich geschlossenes, unabhängiges Stromnetz besitzt

C: der die Benutzung von Handys und WLAN-Routern untersagt

B: der ein in sich geschlossenes, unabhängiges Stromnetz besitzt

Die Welt schaut auf Feldheim. Das Dorf im südwestlichen Brandenburg, Teil der Stadt Treuenbrietzen, hat rund 130 Einwohner in 37 Haushalten – und ist seit dem Jahr 2010 als erster Ort in Deutschland energieautark. Das Dorf wird ausschließlich über erneuerbare Energien versorgt, die vor Ort gewonnen und direkt zu den Verbrauchern geleitet werden. Die Wärme stammt aus einer 2008 gebauten Biogas-Anlage. Das erspart 259 000 Liter Heizöl im Jahr. In die Biogasanlage kommen Rinder- und Schweinegülle sowie Maissilage und Getreideschrot, alles von der örtlichen Agrargenossenschaft. Der erzeugte Strom wird ins örtliche Netz eingespeist. Für Spitzenzeiten im Wärmeverbrauch steht eine Holzhackschnitzelheizung bereit, die zugeschaltet werden kann.

Das Rückgrat der Stromerzeugung bilden 55 Windkraftanlagen, die zwischen 1997 und 2019 errichtet wurden. Feldheim liegt dafür günstig auf einem Höhenzug, dem Fläming. Die Bewohner sind dank der Windkraft und des dazugehörigen separaten Stromnetzes nicht nur unabhängig, sie zahlen auch einen niedrigeren Kilowattstundenpreis als der Rest Deutschlands – 2019 waren es 16,6 Cent.

53.

Um die Ausbreitung des Borkenkäfers zu verhindern, wird vielerorts ...?

A: totes Holz entrindet

B: großflächig Kresse gesät

C: Honig auf die Stämme gesunder Bäume gestrichen

A: totes Holz entrindet

Sie sind nur ein paar Millimeter groß, doch Milliarden von ihnen machen den Nadelwäldern in Deutschland seit Jahren schwer zu schaffen: Borkenkäfer zählen in der Forstwirtschaft zu den gefährlichsten Schädlingen. Da sich die Käfer durch die Rinde bohren, um dort Eier zu legen, unterbrechen sie die Nährstoffzufuhr des Baumes. Zwar befallen sie eigentlich nur kränkelnde oder absterbende Bäume – gesunde Bäume übergießen die Eindringlinge mit ihrem Harz und machen sie auf diese Weise unschädlich –, doch die vielen heißen und trockenen Sommer haben ihre Population derart ansteigen lassen, dass sich die Käfer überall ausgebreitet haben. Vom Borkenkäferbefall ist nahezu der gesamte Mittelgebirgsraum betroffen.

Vor allem der Buchdrucker als gefährlichster Fichtenborkenkäfer ist ein immenser Übeltäter. Das Übel an der Wurzel packen – um im Bilde zu bleiben – können Waldbesitzer, indem sie kranke Bäume entrinden, solange die Brut noch als Larve oder Puppe existiert. Man nennt dies »weißes Stadium«. In diesem Fall sterben die Individuen nach der Entrindung ab. Sind bereits Jungkäfer vorhanden, muss man zu härteren Maßnahmen greifen. Dazu zählen Entrinden auf Unterlagen, Abdecken der Rindenhaufen mit schwarzer Folie oder kontrolliertes Verbrennen der Rinde. Hier gilt es natürlich, Waldbrandgefahr zu berücksichtigen. Die gängigste Methode ist jedoch, die betroffenen Bäume zu fällen und möglichst schnell aus dem Wald zu entfernen.

54.

**Worüber entbrannte in den USA 2017
ein Rechtsstreit?**

A: Ein Autoverkäufer durfte keine Sektflaschen als
Prämie vergeben.

B: Eine Bäckerei sollte die Zutat »Liebe« von den
Produkten entfernen.

C: Eine Apotheke durfte kein destilliertes Wasser
mehr anbieten.

B: Eine Bäckerei sollte die Zutat »Liebe« von den Produkten entfernen.

Müslisorten gibt es mittlerweile wie Sand am Meer. Nüsse, Flocken, Obst, Süßes ... Die Zutatenvarianten scheinen kaum ein Ende zu nehmen. Mit einem Posten auf der Zutatenliste für ihr Produkt »Nashoba Granola« jedoch hat die »Nashoba Brook Bakery« in Massachusetts und New Hampshire Probleme bekommen: Sie führte unter anderem das Wort »Liebe« auf. Die US Food and Drug Administration, die amerikanische Aufsichtsbehörde für Lebens- und Arzneimittel, wollte das nicht gelten lassen. Sie forderte die Großbäckerei auf, das Wort zu entfernen und nur handfeste Bestandteile zu nennen. Inhaber John Gates protestierte: Mit »Leidenschaft und Liebe« müsse sein Betrieb an die Arbeit herangehen, um täglich frisches Müsli, Brot und Gebäck zu produzieren, sagte er einem Radiosender.

Die Behörde hatte allerdings noch mehr zu kritisieren. Bei Herstellung, Verpackung und Lagerung würden »unhygienische Zustände« herrschen, so hieß es in ihrem Bericht. Beispielsweise waren Backformen und Backofen nach dem Gebrauch nicht gereinigt worden. Die Firma erklärte sich bereit, allen hygienischen Forderungen nachzukommen, wollte aber wegen »Liebe« noch mal mit der Behörde verhandeln.

55.

**Warum wurden seit 2016 über 80 000 Grün-
und Rooibosteebeutel an 870 Standorten
auf sechs Kontinenten vergraben?**

A: um zu prüfen, ob sich Teebeutel als Düngemittel
verwenden lassen

B: um den weltweiten CO_2-Kreislauf besser
zu verstehen

C: um die geografische Wanderung von Schädlingen
zu untersuchen

B: um den weltweiten CO_2-Kreislauf besser zu verstehen

Die Idee einiger niederländischer Bodenforscher klingt zunächst kurios, gilt aber durchaus als ernst zu nehmende ökologische Forschung: Mithilfe von Beuteln zweier verschiedener Teesorten, wie man sie in jedem Lebensmittelladen kaufen kann, wollen die Wissenschaftler den Prozess des Streuabbaus im Wald besser verstehen – also den Zersetzungsprozess von Blättern und Ästen in unterschiedlichen Böden. Der ist nämlich als Teil des Kohlenstoffkreislaufes eine entscheidende Größe in Bezug auf den Klimawandel: Der in der Biomasse von Pflanzen gebundene Kohlenstoff wird bei der Zersetzung durch Bodenlebewesen wieder als Treibhausgas (CO_2) in die Atmosphäre freigesetzt.

Um über unterschiedliche Regionen vergleichbare Daten zu erhalten, vergrub man also zwei Sorten von Teebeuteln: Grüntee, der aus Blättern besteht und schnell abbaubar ist, und Rooibostee aus gemahlener Baumrinde, der sich nur langsam abbaut. Die Idee führte im Jahr 2016 zur TeaComposition-Initiative, die jetzt weltweit agiert. Die Forscherinnen und Forscher vergruben an rund 860 Standorten, auf sechs Kontinenten und in neun Großlebensräumen, sogenannten Biomen, etwa 80 000 Teebeutel. Nach drei, zwölf, 24 und 36 Monaten werden jeweils zwei pro Sorte wieder ausgegraben. Erste Resultate von 336 Standorten nach drei Monaten besagen, dass in dieser frühen Phase Grüntee deutlich schneller abgebaut wird als Rooibostee. Welche Rolle das Klima langfristig für den Abbauprozess spielt, wird weiter erforscht.

56.

Der Brite Kenelm Digby verdingte sich im 17. Jahrhundert nicht nur als Freibeuter, er gilt auch als ...?

A: Begründer des Kegelsports in Europa

B: Entwickler der modernen Weinflasche

C: erster professioneller Zirkusdirektor

B: Entwickler der modernen Weinflasche

Kenelm Digby (1603–1665) war ein außerordentlich viel-
seitiger Mann. So vielseitig, dass er den Beinamen »Ma-
gazine of all arts« (Speicher aller Künste) innehatte. Er
war Diplomat, Abenteurer, Autor, Naturphilosoph – und
Erfinder. So verbesserte er die Flaschenglasherstellung,
indem er durch ein Brennen bei höheren Temperaturen
und eine veränderte Zusammensetzung die Glasstabili-
tät erhöhte. Die Flasche, auf der durch den breiten Seiten-
rand auch ein Korken befestigt werden konnte, gilt als
Vorläufer der modernen Weinflasche. Im Jahr 1662 erhielt
Digby darauf ein Patent.

Digby zählte aber auch zu den Ersten, die die Bedeutung des Sauerstoffs für den Stoffwechsel der Pflanzen
erkannte. Ferner schrieb er ein Kochbuch und beschäftigte sich mit Medizin und Alchemie. Dass ein gesunder
Geist auch in einem ziemlich kräftigen Körper stecken
kann, beweist die Tatsache, dass der inzwischen zum Rit-
ter geschlagene Haudegen im Jahr 1628 als Freibeuter mit
seinem Flaggschiff »Eagle« vor Mallorca und Gibraltar
mehrere Schiffe kaperte. Vor Algier legte er sich zudem
erfolgreich mit nordafrikanischen Piraten an und schlug
im Hafen der türkischen Stadt Iskanderun eine franzö-
sisch-venezianische Flotte. Da seine Aktionen Repres-
sionen für englische Handelsreisende zur Folge hatten,
beendete er diese nicht ganz freiwillig und wurde eine
Zeitlang Beamter, was aber auch nur eine Zwischensta-
tion neben vielen weiteren blieb!

57.

Damit frisch hergestellte Pasta beim Kochen nicht zusammenklebt, sollte …?

A: etwas Hartweizenmehl ins Kochwasser gegeben werden

B: sie vor dem Kochen mindestens 15 Minuten antrocknen

C: sie in zunächst kaltes Wasser gegeben werden

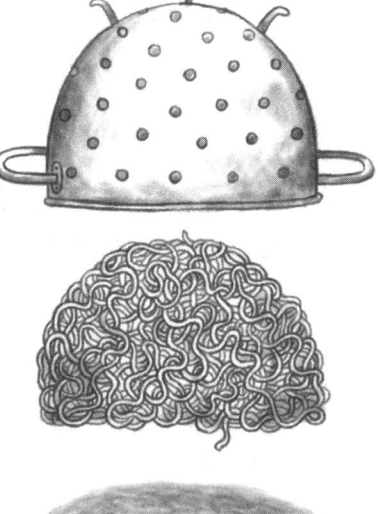

B: sie vor dem Kochen mindestens 15 Minuten antrocknen

Sie gehört zu unseren Lieblingsmahlzeiten und ist vom Speiseplan nicht wegzudenken: Leckere Pasta kann in vielen Variationen zubereitet werden. Ob mit köstlicher Soße, überbacken, gebraten oder mit Füllung – die Vielfalt ist groß. Bei gekauften Produkten hält sich sogar der Aufwand in Grenzen, und innerhalb kurzer Zeit steht ein köstliches Gericht auf dem Tisch.

Wer statt schneller Küche auch selbst mal ausprobieren möchte, Nudeln zu fabrizieren, muss natürlich etwas mehr Zeit einplanen. Aber es lohnt sich! Die Zutaten sind überschaubar und quasi im Handumdrehen verknetet. Danach wird der Teig mit einem Nudelholz ausgerollt und mit Messer oder Teigschneider in die gewünschte Form gebracht. Bei Profis kommt eine Nudelmaschine zum Einsatz, die die Arbeit erleichtert und die Teigwaren gleichförmiger aussehen lässt. Aber egal, wie Sie die Nudeln herstellen, vor allem eines ist wichtig: Der Teig muss vor dem Kochen mindestens 15 Minuten antrocknen, weil die Nudeln sonst zusammenkleben. Statt leckerer Pasta entsteht dann Pampe, und die ganze Mühe war umsonst. Am besten hängen Sie die Nudeln über eine gespannte Schnur oder legen sie auf Backpapier oder ein Küchentuch, damit die Feuchtigkeit entweichen kann. Dann steht dem Genuss nichts mehr im Wege.

58.

Was ist Triathleten beim Ironman auf Hawaii laut Wettkampfregeln erlaubt?

A: einen Schnorchel zu benutzen

B: mit freiem Oberkörper zu laufen

C: über die Ziellinie zu kriechen

C: über die Ziellinie zu kriechen

1974 fand der erste »Triathlon« genannte Wettbewerb im kalifornischen San Diego statt, damals noch über eine wesentlich kürzere Strecke. Zu den Teilnehmern zählten der später auf Hawaii stationierte Navy-Offizier John Collins und seine Frau Judy. Was als persönliche Herausforderung begann, mündete 1978 im ersten Hawaii Ironman Triathlon. Wer auch immer zuerst ins Ziel komme, verkündete Mit-Initiator Collins damals martialisch, werde künftig »Mensch aus Eisen« (englisch: iron) genannt.

3,86 Kilometer Schwimmen im Pazifik, 180,2 Kilometer Radfahren durch Lavafelder und 42,195 Kilometer Marathonlaufen bei großer Hitze in praller Sonne sind wahrlich kein Kindergeburtstag. Und strenge Regeln entscheiden über Sieg oder Niederlage. So darf man laut Wettkampfregeln nicht mit freiem Oberkörper laufen, Kreuzungen nur überqueren, wenn sie frei von Gegenverkehr sind und Gegenstände ausschließlich in extra Wegwerfzonen loswerden. Was man allerdings laut Artikel VI, Paragraf 6.01 (a) der Wettkampfregeln darf, ist Kriechen. 1982 etwa lief die US-Amerikanerin Julie Moss als Führende aufs Ziel zu, klappte wenige Meter davor zusammen und wurde sogar kurz bewusstlos. Überholt von ihrer Landsfrau Kathleen McCartney, kroch Moss auf allen vieren über die Ziellinie und wurde Zweite. 1997 krabbelten bei der WM gleich zwei US-Athletinnen im Kampf um Platz vier durchs Ziel: Wendy Ingraham und Sian Welch erreichten das Ziel völlig erschöpft auf allen vieren.

59.

Um sich unter anderem während des Monsuns fortbewegen zu können, lässt ein Volk im Nordosten Indiens …?

A: natürliche Brücken wachsen

B: seine Fährleute in Venedig ausbilden

C: mehrere Hunderttausend Regenjacken aus Dorsten importieren

A: natürliche Brücken wachsen

Der indische Bundesstaat Meghalaya, was auf Sanskrit so viel bedeutet wie »Heimstätte der Wolken«, macht seinem Namen alle Ehre. Mit einem Jahresniederschlag von circa 12 000 Millimetern gehört das kleine Gebiet in den Ausläufern des Himalaya-Gebirges zu den regenreichsten Regionen der Erde. Vor allem während des Monsuns wären wichtige Wege nicht passierbar, wenn das Volk der Khasi nicht eine besondere Lösung für dieses Problem gefunden hätte: Sie haben eine ausgeklügelte Technik entwickelt, wie sie natürliche Brücken über einen Fluss wachsen lassen können. Dabei machen sie sich die idealen Wachstumsbedingungen des Gummibaums zunutze, der sich in diesem feuchten Klima besonders wohlfühlt und eine Wuchshöhe von 20 bis 40 Meter erreichen kann.

Aus seinen Luft- und Brettwurzeln formen die Khasi mit Hilfe von Bambusstangen und den Stämmen des Betelnussbaumes ein Gerüst, an dem die Wurzeln entlangwachsen können. Dabei bildet ein Wurzelgeflecht auf beiden Seiten auch eine Art Brückengeländer, an dem man sich festhalten kann. Dieses lebendige Bauwerk verursacht keine Kosten, benötigt aber eine Menge Geduld. Mindestens 15 Jahre dauert es, bis ein Überweg mit einer Länge von 15 bis 20 Metern entsteht. Doch mit jedem Jahr wird die Brücke fester, breiter und stabiler, ohne dass es einer weiteren Instandhaltung bedarf. Die ältesten Brücken sollen bis zu 500 Jahre alt sein und circa 50 Personen gleichzeitig sicher ans andere Ufer bringen.

60.

Bruce Willis ...?

A: gibt in New York regelmäßig Kochkurse mit deutscher Küche

B: besitzt ein Reihenhaus in Herne, das er als Ferienhaus vermietet

C: hat familiäre Verbindungen zu einem Wildecker Herzbuben

C: hat familiäre Verbindungen zu einem Wildecker Herzbuben

Nicht wenige US-Amerikaner haben verwandtschaftliche Beziehungen nach Deutschland, das ist bekannt. Oft geht die Verbindung auf die Zeit nach dem Zweiten Weltkrieg zurück, als viele amerikanische Soldaten in Deutschland stationiert waren. Wie bei einem gewissen Walter Bruce Willis, der am 19. März 1955 in Idar-Oberstein das Licht der Welt erblickte. Sein Vater David war ein US-amerikanischer Soldat, seine Mutter Marlene eine Deutsche aus Kaufungen bei Kassel. Als Bruce zwei Jahre alt war, zog die Familie in die USA.

Die zur Hälfte deutsche Herkunft ist nun auch der Grund dafür, dass der Actionstar Bruce Willis eine verwandtschaftliche Verbindung hat, die man von ihm nicht erwartet: zu den Wildecker Herzbuben nämlich! Eine Cousine von Willis' Mutter ist die Schwiegermutter von »Herzbube« Wilfried Gliem. Die Beziehungen bestehen nicht nur auf dem Papier, sondern werden mit Leben gefüllt: Im Jahr 2017 waren Willis' Töchter Scout und Tallulah – sie stammen aus seiner Ehe mit Demi Moore – gemeinsam mit Großmutter Marlene zu Gast bei Wilfried Gliem im hessischen Wildeck-Hönebach. Ein Hauch von Hollywood beim »Herzbuben«!

61.
**Pferden ist es möglich, im
Stehen zu schlafen, da sie ...?**

A: sich vor dem Einschlafen auf ihre Körpermitte
fokussieren

B: in eine Art Muskelstarre verfallen

C: problemlos ihre Kniescheibe verschieben können

C: problemlos ihre Kniescheibe verschieben können

Fledermäuse schlafen kopfüber, Vögel manchmal sogar beim Fliegen, Faultiere fast den ganzen Tag und Pferde meist im Stehen – über so manche Schlafgewohnheit kann man sich nur wundern. Aber oft liegt die Erklärung in der Biologie der Tiere. Pferde sind Fluchttiere und müssen in freier Wildbahn ständig auf der Hut vor Fressfeinden sein. Deswegen kennen sie keinen klassischen Tag-Nacht-Rhythmus, sondern nehmen sich über den Tag verteilt mehrere kurze Auszeiten. Nur wenn sie sich absolut sicher fühlen, legen sie sich für einen tiefenentspannten Schlaf tatsächlich auf den Boden. Überwiegend dösen sie in Habachtstellung im Stehen vor sich hin, um bei akuter Gefahr dem Feind schnell davongaloppieren zu können.

Möglich ist dies durch einen besonderen Mechanismus: Zwei Sehnenstränge sorgen dafür, dass Knie- und Sprunggelenk zusammengekoppelt sind. Will sich das Pferd ausruhen, kann es durch eine kurze Kontraktion des Muskels Kniescheibe und Sprunggelenk fixieren und so ein Einknicken verhindern, während alle anderen Muskeln entspannt bleiben. Das gesamte Gewicht ruht dann auf diesem Standbein, das zur Entlastung nach ein paar Minuten gewechselt wird.

Viel Zeit zum Schlafen bleibt Pferden sowieso nicht, denn die Pflanzenfresser sind den größten Teil des Tages mit der Nahrungsaufnahme beschäftigt. Ein 650 Kilogramm schweres Pferd benötigt etwa rund zehn Kilogramm Heu.

62.

**Ein Neuntel des Bruttoinlandsproduktes
Tuvalus geht zurück auf die Vermarktung …?**

A: von feinstem Sand

B: von Unterwasser-Archivaufnahmen

C: der Domain-Endung

C: der Domain-Endung

Länder können sich ihre Top-Level-Domains nicht aussuchen. Sie werden ihnen von der Internationalen Organisation für Normung (ISO) zugewiesen. Und der kleine pazifische Inselstaat Tuvalu erhielt die Domain mit der Endung ».tv«, die aber auch für Fernseh- und Medienorganisationen interessant ist. Im Mai 1998 trafen sich fünf Teams mit der Regierung zu Verhandlungen, letztlich schloss man einen Exklusivvertrag mit einer amerikanischen Vermarktungsfirma ab, die das Kürzel an Online-Unternehmen und Live-Streaming-Portale vergibt.

Der Deal spült Tuvalu jährlich ungefähr fünf Millionen US-Dollar in die Kassen – etwa ein Neuntel der gesamten staatlichen Einnahmen. Denn der winzige Staat verfügt mit gerade einmal 45 Millionen US-Dollar über das weltweit kleinste Bruttoinlandsprodukt. Dank der Domain können sich die knapp 11 000 Einwohner des Landes, die auf neun Atollen mit zusammen gerade einmal 26 Quadratkilometern leben, zum Beispiel den UN-Beitritt, Straßenlaternen oder acht Kilometer gepflasterte Straßen leisten. Doch das größte Problem des Zwergstaates, dessen höchster Punkt nur 4,6 Meter über dem Meeresspiegel liegt, lässt sich auch mit den beiden exklusiven Buchstaben nicht lösen: Steigt der Meeresspiegel weiter wie von der UN vorhergesagt, dann könnte Tuvalu schon in wenigen Jahrzehnten unbewohnbar sein und als erstes Land nur noch als virtueller Staat existieren.

63.

Damit Rosenkohl gleichmäßig gart, sollte …?

A: er vorher neben einer Paprika oder Zucchini gelagert werden

B: das Wasser nicht kochen, sondern nur sieden

C: der Strunk vorher kreuzweise eingeschnitten werden

C: der Strunk vorher kreuzweise eingeschnitten werden

Rosenkohl gehört zu den Gemüsesorten, die polarisieren: Die einen lieben ihn und die anderen können ihn nicht ausstehen. Dabei lohnt es sich, dieser besonderen Kohlvariante eine Chance zu geben. Gerade die neueren Sorten schmecken milder und nussiger, sind also nicht mehr so bitter wie zu Großmutters Zeiten. Außerdem sorgt das typische Wintergemüse, das von Oktober bis März geerntet werden kann, für eine gelungene Abwechslung in der regionalen Küche. Selbst Frost macht ihm nichts aus – im Gegenteil, der lässt ihn sogar im Geschmack noch milder werden. Rezeptideen gibt es viele – ob als Auflauf, Bowl, Pfannengemüse, Curry oder Suppe: Für Abwechslung ist auf jeden Fall gesorgt.

Allerdings muss bei der Zubereitung beachtet werden, dass das Gemüse nicht verkocht. Denn es besteht aus zwei Teilen, die eigentlich unterschiedlich lange garen müssen: der dickere Strunk und die zarten Blätter, die sich in mehreren Lagen wie bei einer Rosenblüte anordnen – deswegen ja auch der Name. Wenn Sie den Strunk mit einem Messer kreuzweise einschneiden, gart das Gemüse gleichmäßig. Eine weitere Möglichkeit wäre auch, die Röschen zu halbieren. So verkürzt sich die Kochzeit, die Röschen haben noch Biss, und die Vitamine bleiben erhalten. Denn Rosenkohl ist ein echter Powerball, gerade im Winter! Er ist reich an den Vitaminen C, B_6, K und Folsäure sowie anderen wertvollen Mineralstoffen wie Kalzium, Magnesium und Kalium.

64.

Wer im heimischen Garten vorbeugen möchte, dass die Rosskastanie von schädlichen Miniermotten befallen wird, sollte …?

A: goldene Girlanden in die Zweige hängen

B: die Rinde mit Frischhaltefolie umwickeln

C: Blaumeisen Nistmöglichkeiten bieten

C: Blaumeisen Nistmöglichkeiten bieten

Die weiße muss es sein, die rote bringt den Tod. Wenn die Miniermotte, ein rund fünf Millimeter langer, orange-weiß gestreifter Kleinschmetterling, eine Wiege für seinen Nachwuchs sucht, so wählt er mit etwas Geschick die Weiße Rosskastanie. Ende März legt der Falter seine Eier auf die Oberseite der Blätter ab. Drei Wochen später schlüpfen die Larven – und fangen an, sich durch das Blattinnere hindurchzufressen. Mit unschönen Folgen: Bereits im Sommer färben sich die Blätter der Weißen Rosskastanie dann braun und werden welk. Auf Dauer werden die Bäume dadurch geschwächt, denn sie können weniger Photosynthese betreiben. In den Blättern der Roten Rosskastanie hingegen sterben die Raupen ab.

Die Miniermotte ist in den 1990er-Jahren nach Deutschland eingewandert. Seither gilt es, totes Kastanienlaub gründlich einzusammeln, um die darin überwinternden Larven zu beseitigen. Mittlerweile gibt es jedoch Unterstützung aus der Luft: Die Blaumeise hat die Miniermotte als leckere Mahlzeit für sich entdeckt. Dieser Vogel erkennt die Larven im Blatt und pickt sie mit seinem spitzen Schnabel leicht heraus. Und weil Blaumeisen gut voneinander lernen, schaut es sich die eine bei der anderen ab. Wer den Weißen Kastanien helfen will, hängt also Nistkästen für Blaumeisen im Garten auf.

65.

Ein Künstler schaffte es, mit 99 Smartphones und einem Bollerwagen in Berlin, ...?

A: den Auftritt eines Sinfonieorchesters nachzuahmen

B: das Licht im Reichstagsgebäude ein- und auszuschalten

C: einen virtuellen Stau zu erzeugen

C: einen virtuellen Stau zu erzeugen

Als dem Künstler Simon Weckert auf einer Demonstration am 1. Mai in Berlin auffiel, dass Google für ganz Kreuzberg einen Superstau anzeigte, obwohl überhaupt kein Auto unterwegs war, wollte er diesen Umstand selbst einmal simulieren. Damit wollte er zeigen, wie sehr virtuelle Anzeigen unseren Alltag beeinflussen können, wie wir die Welt und den Raum um uns wahrnehmen – und darauf reagieren. Also lieh er sich Smartphones von einer Eventfirma sowie von Freunden. Sie alle enthielten aktivierte SIM-Karten und die Routen-Funktion von Google Maps. Das Ganze installierte er auf einem roten Bollerwagen und zog damit durch die Hauptstadt.

Google Maps zeigt an, wenn Autos an einer roten Ampel stehen. Herrscht viel Verkehr, färbt sich die Straße auf der Karte orange. Und Rot heißt: Stau. Dann wird anderen Autofahrern eine andere Strecke empfohlen. Um eine Straße rot zu bekommen, musste Weckert mit dem Karren öfter hin und her laufen. »Wir haben eine Stunde an einem Ort verbracht, bis das geklappt hat. In dem Video sieht man, wie die Straße langsam orange und irgendwann rot wird«, erzählt er der FAZ.

Das Ganze, räumt Weckert ein, funktioniere allerdings nur, solange kein Auto vorbeifährt: »Dann wurde kein Stau mehr angezeigt, das hat das System also erkannt.« Doch für Simon Weckert ist es nicht unbedingt das Ziel, für autofreie Straßen zu sorgen. Vielmehr wollte der Künstler darauf aufmerksam machen, wie uns Navigationssysteme beeinflussen.

66.

**Welches Phänomen spielt sich seit 2014
auf der russischen Halbinsel Jamal ab?**

A: Bodenhügel blähen sich auf und explodieren.

B: Die Insel kippt in Richtung Festland.

C: Felsen wandern gegen den Uhrzeigersinn um
einen See.

A: Bodenhügel blähen sich auf und explodieren.

Die Landschaft der russischen Halbinsel Jamal ist von der Tundra geprägt. Die Permafrostböden wölben sich hier an vielen Stellen zu Eishügeln auf. Permafrost ist felsiger Boden oder auch Sediment. Er ist typischerweise das ganze Jahr über gefroren und bindet riesige Vorräte an organischem Kohlenstoff und gefrorenen Mikroorganismen. Sobald dieser Boden taut, erweckt er Bakterien und andere Mikroben zum Leben, die unter den feuchten und sauerstoffarmen Bedingungen das Treibhausgas Methan erzeugen. Dadurch wird dort enormer Druck aufgebaut. Wird die Druckschwelle der Eishügel überschritten, explodieren die Hügel, und das Methangas wird in die Atmosphäre entlassen. Dabei schleudern gewaltige Brocken aus Eis und Gestein in die Höhe, und es entstehen Krater. Das Phänomen wurde erstmals im Jahr 2014 bemerkt.

Krater Nummer 17, der 2017 entstand, fabrizierte laut der Zeitung »Siberian Times« Brocken bis zu einer Größe von 150 Kubikmetern. Der entstandene Krater, der nach und nach mit Schmelz- und Regenwasser vollläuft, hat einen Durchmesser von mehr als 20 Metern und eine Tiefe von über 30 Metern. Laut einer Datenbank, gefüttert mit Hilfe von Satellitendaten und Hubschrauberexpeditionen, gibt es auf den Halbinseln Jamal und Gydan 7185 Permafrosthügel. Von ihnen sind vermutlich fünf bis sechs Prozent wirklich gefährlich. Aktuell versuchen Forscher herauszufinden, wie man erkennen kann, ob Hügel explosiv sind und wie eine Explosion zu verhindern ist.

67.

Ein Forschungsteam aus Würzburg entwickelt Kaugummis, die ...?

A: Entzündungen im Mundraum erkennen

B: per App-Steuerung ihren Geschmack verändern

C: sich durch das Kauen elektrisch aufladen und als Akku dienen

A: Entzündungen im Mundraum erkennen

Es gibt ja mittlerweile Apps für alles Mögliche ... Aber nein, im Mund haben sie noch nichts verloren. Und auch elektrische Ladung ist nichts zum Kauen. Wohl aber hat ein Würzburger Forscherteam einen Kaugummi entwickelt, der anzeigt, ob im Mund Entzündungen bestehen. Mundgesundheit ist wichtig – Entzündungen, die hier unerkannt vor sich hin schwelen, können auch den restlichen Körper in Mitleidenschaft ziehen. Umso wichtiger ist es, beispielsweise nach dem Einsetzen von Implantaten zu prüfen, ob sich da etwas anbahnt. Denn so selten ist das leider nicht.

Der Kaugummi der Pharma-Forscher macht sich das Schlüssel-Schloss-Prinzip zunutze, das in der Natur oft vorkommt: Sie haben in den Kaugummi einen Bitterstoff eingearbeitet, der von einer geschmacksneutralen Schutzhülle aus Aminosäuren ummantelt ist. Im gesunden Mund bleibt diese Schutzhülle unversehrt, der Anwender schmeckt nichts. Bei einer Entzündung aber bilden sich bestimmte Enzyme im Mund. Sie zerstören die Schutzhülle, dadurch wird der Bitterstoff freigesetzt und der Anwender auf die schlechten Bakterien aufmerksam gemacht. Der Kaugummi soll durch ein Start-up-Unternehmen auf den Markt kommen, außerdem ist die Anwendung auch bei anderen Krankheiten wie etwa Mandelentzündungen denkbar – beides wird aber noch dauern.

68.

Wie protestierte Natalie Portman bei den Oscars 2020 dagegen, dass in der Kategorie »Beste Regie« nur Männer nominiert waren?

A: Sie sang während der Verleihung laut »It's A Man's World«.

B: Sie kündigte an, künftig nur noch mit Regisseurinnen zu arbeiten.

C: Sie ließ die Namen ihrer Favoritinnen auf ihre Kleidung sticken.

C: Sie ließ die Namen ihrer Favoritinnen auf ihre Kleidung sticken.

Für ihre Hauptrolle in »Black Swan« bekam Natalie Portman den Oscar und den Golden Globe Award. Die israelisch-US-amerikanische Schauspielerin steht aber nicht nur vor der Kamera, sondern ist ebenso als Regisseurin und Filmproduzentin tätig. Und sie besitzt einen ausgeprägten Sinn für Chancengleichheit. Mit der ist es im Filmgeschäft ja nicht weit her: Frauen kommen als Regisseurinnen seltener in verantwortungsvolle Positionen, ihre Filme werden weniger gefördert und weniger in den Medien beachtet.

Beim Oscar etwa wurden zwischen 1929 und 2020 in der Kategorie »Beste Regie« insgesamt nur fünf Frauen nominiert. 2020 war eines der vielen Jahre, in denen sich überhaupt kein weiblicher Film unter den Oscar-Nominierungen befand. Natalie Portman, die bei der Preisverleihung anwesend war, reagierte darauf auf höchst kreative Weise: Sie ließ die Namen von Regisseurinnen auf den Saum ihres Umhangs sticken, die ihrer Ansicht nach eine Nominierung verdient hatten. In geschwungener Goldschrift fanden sich auf schwarzem Stoff Namen wie der von Greta Gerwig, der Regisseurin von »Little Women«.

69.

Ein Mückenstich juckt stärker, nachdem an ihm gekratzt wurde, weil durch das Kratzen ...?

A: der Mückenspeichel an der betroffenen Stelle erhitzt wird

B: winzige Gefäße zum Platzen gebracht werden

C: ein Schmerzreiz erzeugt wird, der den Juckreiz wieder verstärkt

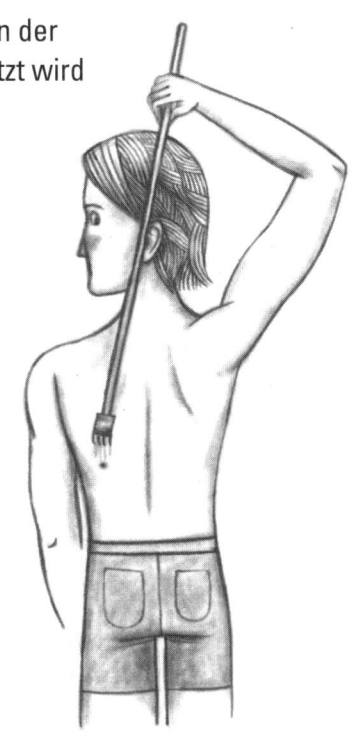

C: ein Schmerzreiz erzeugt wird, der den Juckreiz wieder verstärkt

Sie sind klein und gemein und können uns das Leben zur Hölle machen. Wir hätten ja gar kein Problem, ein bisschen Blut an die Plagegeister abzutreten, schließlich benötigen sie pro Stich lediglich zwei bis acht Millionstel Liter. Wenn da nicht dieses unerträgliche Jucken im Nachklang wäre. Ursache dafür ist der Speichel, den die Stechmücke zunächst injizieren muss, damit das Blut nicht gerinnt und mit dem haarfeinen Rüssel aufgesaugt werden kann. Der Fremdstoff bringt allerdings unser Immunsystem so richtig auf Trab und wird umgehend mit Histamin bekämpft, was auch zu der unangenehmen Quaddelbildung führt.

Jetzt aber bloß nicht kratzen, denn dann entsteht ein wahrer Teufelskreis, dem man sich nur schwer entziehen kann. Forscher der Washington University haben herausgefunden, dass durch das Kratzen ein leichter Schmerz entsteht, der das Jucken zwar kurzzeitig lindert, da andere Neuronen angesprochen werden. Allerdings reagiert unser Körper darauf mit der Ausschüttung von Serotonin – ein Hormon, das auch an den Nervenzellen andockt und so für einen noch stärkeren Juckreiz sorgt. Sind Sie also gestochen worden, halten Sie sich am besten an die alt bewährten Hausmittel. Die Einstichstelle kühlen oder mit einer aufgeschnittenen Zwiebel einreiben. Auch der Saft von Weißkohlblättern hat eine lindernde und sogar antiseptische Wirkung.

70.

Wann ist die Angabe einer Diagnose auf dem Kassenrezept erforderlich?

A: bei der Verordnung von Hilfsmitteln, wie zum Beispiel Bandagen

B: wenn der Patient nicht volljährig ist

C: wenn die Zuzahlung mehr als fünf Euro beträgt

A: bei der Verordnung von Hilfsmitteln, wie zum Beispiel Bandagen

Manches, was im Gesundheitswesen nach unnötiger Bürokratie aussieht, ist bei näherer Betrachtung doch ganz sinnvoll. Etwa das Feld für die Diagnose auf den Rezepten: Es muss ausgefüllt werden, wenn der Patient Hilfsmittel bekommt. Bei Medikamenten hingegen ist das nicht nötig. Der Grund: Hilfsmittel wie zum Beispiel Bandagen, Inhalatoren und Kompressionsstrümpfe müssen an die individuellen Gegebenheiten angepasst werden, wenn die Therapie funktionieren soll.

Paragraf 7 der Hilfsmittelrichtlinie fordert daher, dass auf diesen Rezepten »alle für die individuelle Versorgung oder Therapie erforderlichen Angaben« stehen. Die Ärztin oder der Arzt soll deshalb das Hilfsmittel »unter Nennung der Diagnose und des Datums« angeben, heißt es in der Richtlinie weiter. Damit nun aber der Patient möglichst schnell an sein Hilfsmittel kommt, darf der Apotheker, wenn die Diagnose einmal fehlt, mit dem Arzt telefonieren und das Fehlende dann eigenhändig auf dem Rezept ergänzen. Allerdings muss der Arzt die Ergänzung später mit Datum und Unterschrift bestätigen.

71.
Libellen …?

A: nutzen ihre Beine nicht zum Laufen

B: speichern Wasser in ihrem Stachel

C: schlagen mit ihren Flügeln nach Beute

A: nutzen ihre Beine nicht zum Laufen

Libellen wirken sehr graziös und sind wahre Flugkünstler: Sie können nicht nur vorwärts fliegen (bis zu 50 Stundenkilometer schnell), sondern auch abrupt die Richtung ändern oder in der Luft stehen bleiben. Manche Arten schaffen es sogar, rückwärts zu fliegen. All das verdanken sie ihren beiden Flügelpaaren, die sie unabhängig voneinander bewegen können.

Doch was ist mit Laufen? Das geht quasi nicht. Libellen nutzen ihre drei Beinpaare zwar, um zu landen und um sich an Blättern und Stängeln festzuhalten, während sie schlüpfen, sich ausruhen oder sich aufwärmen. Doch ansonsten sind die Beine zum Jagen da: Libellen fangen mit ihnen ihre Beute im Flug und halten sie fest. Die Beine sind deshalb nach vorn ausgerichtet und bilden regelrecht einen Fangkorb. Kräftige Klauen und Dornen an den Unterschenkeln sorgen dafür, dass die Beutetiere auch wirklich nicht entwischen können. Libellen fressen vor allem andere Insekten, die Männchen machen aber in der Paarungszeit auch vor Artgenossen nicht halt.

72.

Was ist das Besondere an dem im British Museum ausgestellten »Klencke Atlas« aus dem Jahr 1660?

A: Er ist so klein, dass er nur mit einer Pinzette geöffnet werden kann.

B: Er ist so schwer, dass etwa sechs Menschen zum Tragen nötig sind.

C: Er ist in Codes verfasst, die bis heute nicht geknackt werden konnten.

B: Er ist so schwer, dass etwa sechs Menschen zum Tragen nötig sind.

Atlanten müssen groß und schwer sein, das wissen alle, die mal einen in der Schultasche mit sich herumgeschleppt haben. Doch was der britische König Charles II. im Jahr 1660 geschenkt bekam, das sprengte jeden Maßstab: 1,76 Meter hoch und – aufgeschlagen – 2,31 Meter breit ist das Werk, das damals von einer holländischen Delegation zu Ehren des kartenbegeisterten Monarchen herbeigewuchtet wurde. Der Anlass war entsprechend wichtig: Charles hatte den englischen Thron nach elf königslosen Jahren bestiegen – in England war die Monarchie zeitweise abgeschafft gewesen, ihre Feinde und ihre Anhänger hatten einander in einem Bürgerkrieg erbittert bekämpft.

Der Kaufmann Johannes Klencke führte damals die Delegation an, deshalb ist der Atlas mit seinen 41 Karten nach ihm benannt. 1828 ging der Klencke-Atlas in den Bestand der British Museum Library über und wanderte 1973 mit diesem in die neu gegründete British Library. Bei deren Umzug 1998 waren sechs Männer nötig, um das kostbare Werk an seinen jetzigen, gut gesicherten Platz im Eingangsbereich des Kartenleseraums zu tragen.

73.

Seit über 30 Jahren werden in Spanien mit Frack, Fliege und Zylinder gekleidete Herren …?

A: als Schuldeneintreiber eingesetzt

B: aus Kneipen und Cafés geworfen

C: als Losverkäufer durch die Straßen geschickt

A: als Schuldeneintreiber eingesetzt

Wenn in Spaniens Straßen Männer im Frack, mit Fliege und Zylinder vor einer Haustür scheinbar gelangweilt auf jemanden warten, bedeutet das nicht, dass hier jemand besonders Wohlhabendes wohnt. Im Gegenteil: Die Herrschaften sind vielmehr als Schuldeneintreiber unterwegs. Den Job, den hierzulande Unternehmen wie »Moskau Inkasso« auf ihre Weise erledigen, gestaltet man auf der iberischen Halbinsel etwas fantasievoller. Denn seit Ende der 1980er-Jahre weiß in Spanien jedes Kind, dass hinter den Pforten eines derart gebrandmarkten Hauses jemand wohnt, der offensichtlich ein paar Rechnungen offen hat. Und da Spanien immer wieder von Finanzkrisen betroffen ist – genannt sei vor allem die Immobilienblase um 2007 – bleibt manchem Gläubiger nur der Weg, »El Cobrador del Frac«, zu Deutsch »Kassierer im Frack«, an der Tür klingeln zu lassen, um zu seinem Geld zu kommen.

Doch nicht nur Frackträger sorgen für Aufmerksamkeit. Das Unternehmen »El Torero del Moroso« (Der Torero des Säumigen) etwa hetzt den Säumigen ein Gespann aus einem Eintreiber und einem Torero auf den Hals. Es gibt auch Mönche, Totengräber, Mexikaner und sogar Hühner. Sie alle folgen ihren Opfern überall hin: in den Supermarkt, ins Restaurant oder auf den Golfplatz. So bringt viele säumige Zahler die Scham letztlich doch dazu, ihre Schulden zu begleichen. Es soll aber auch schon vorgekommen sein, dass sich jemand, der wirklich pleite war, das Leben nahm, wenn so ein Totengräber vor der Tür stand.

74.

Welches Ereignis wurde Anfang Februar 2020 im südafrikanischen Kruger-Nationalpark beobachtet?

A: Zwei Krokodile warfen ein anderes Krokodil hin und her.

B: Ein Pavian entführte und umsorgte ein Löwenbaby.

C: Antilopen trieben eine Hyäne mit Versteckspielen in den Wahnsinn.

B: Ein Pavian entführte und umsorgte ein Löwenbaby.

Anfang Februar 2020 durfte der Safari-Veranstalter und Hobbyfotograf Kurt Schultz ein außergewöhnliches Ereignis mitverfolgen. Im südafrikanischen Kruger-Nationalpark hielt er mit seiner Kamera fest, wie ein Mitglied einer Pavian-Horde ein Löwenbaby auf einen Baum entführte. Auf einer kurzen Videoaufnahme des Parks kann man sehen, wie ein Pavian auf einem Amarula-Baum sitzt, das Löwenbaby zunächst auf dem Schoß hält, um es dann in den Arm zu nehmen. Als das Kleine unruhig wird und sich von der Umarmung zu befreien versucht, springt der Affe mit ihm gemeinsam auf einen Nachbarbaum, um es liebevoll zu entlausen.

Für Heribert Hofer, Direktor des Leibniz Institut für Zoo- und Wildtierforschung in Berlin, ist dieses Verhalten reichlich ungewöhnlich, handele es sich doch um sehr verschiedene und zudem verfeindete Tierarten. In freier Wildbahn werden Paviane von Löwen gefressen. Aber auch Affen attackieren und verletzen Löwen. Deshalb glauben weder Schultz noch Hofer an ein Happy End der Geschichte und geben dem jungen Löwen kaum Überlebenschancen. Bleibe es auf dem Baum zurück, müsse es von alleine herunterklettern oder von der Mutter gefunden werden. Nur wenn es die Affen auf dem Boden ablegen würden, stünden die Chancen etwas besser. Am wahrscheinlichsten sei es jedoch, dass der kleine Simba zum Beutetier werde und letztlich von den Affen gefressen werde. Fazit: Die Natur ist und bleibt grausam ...

75.
Was trifft laut wissenschaftlichen Beobachtungen auf unsere Zunge zu?

A: Sie wird von 42 unterschiedlichen Muskeln bewegt.

B: Sie hat auch Rezeptoren für Geruch.

C: Bis zur Zungenwurzel ist sie immer kürzer als der Ringfinger.

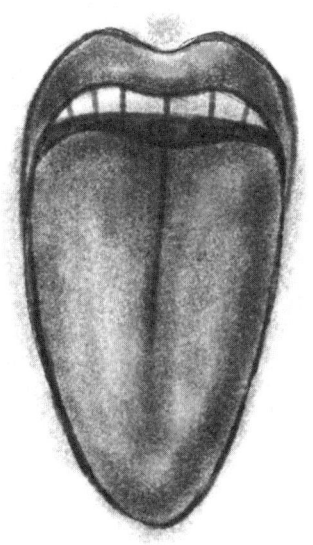

B: Sie hat auch Rezeptoren für Geruch.

Vorsichtige Schätzungen gingen lange von 10 000 verschiedenen Gerüchen aus, die die menschliche Nase angeblich unterscheiden kann. Bis 2014 eine Forschergruppe zu dem Ergebnis kam, dass es sogar mehr als eine Billion Geruchsnuancen sein müssen. Die Wahrheit liegt wohl irgendwo in der Mitte. Aber fest steht natürlich, dass die Nase mit ihrer Riechschleimhaut für die Geruchswahrnehmung unverzichtbar ist. An den Zellen dieser Schleimhaut sitzen Rezeptoren. Hier docken die Duftmoleküle an, von hier wird der Reiz bis ins Gehirn weitergeleitet. Die Nase riecht, die Zunge schmeckt (süß, sauer, salzig, bitter und umami), und das Gehirn verbindet beide Sinneseindrücke zu einem Ganzen, so dachte man deshalb lange.

Doch im Jahr 2019 machten Biochemiker des Monell-Instituts in Philadelphia eine überraschende Entdeckung. Sie fanden heraus, dass sich auch auf der Zunge, genauer: auf deren Geschmackszellen, Geruchs-Rezeptoren befinden, die beim Kontakt mit entsprechenden Duftmolekülen aktiv werden. Wir können also in gewissem Maße auch mit der Zunge riechen.

76.

**Was erfand ein japanisches Forscherteam,
um Mikroplastik aus dem Abwasser
von Waschmaschinen zu filtern?**

A: Laserpointer, die Mikroplastik in Wärmeenergie
umwandeln

B: Schallwellen-System, das Mikroplastik sammelt

C: Nanoroboter, die Mikroplastik einfangen

B: Schallwellen-System, das Mikroplastik sammelt

Es ist so verdammt winzig, das Mikroplastik, das in den Flüssen und Meeren schwimmt. Ab einer Größe unter 0,3 Millimeter flutscht es durch die Löcher und Poren von Filtern und Sieben hindurch. Vögel, Schildkröten und Fische verwechseln es dann mit Futter, sie fressen es und verhungern elendig bei gefülltem Magen. Längst sind deshalb die Menschen aufgerufen, Plastik zu vermeiden, wo es geht. Doch was tun gegen eine der größten Quellen für Mikroplastik – das Waschen von Kleidung aus Chemiefasern? Schließlich lösen sich bei jedem Waschgang winzige Partikel und gelangen übers Abwasser in den Wasserkreislauf.

Japanische Forscher konstruierten jetzt eine Waschmaschine mit einem Drei-Wege-System im Abwasserrohr. Dort werden Schallwellen ausgesendet, deren Schwingungen sich auf das Wasser übertragen. Sie erzeugen Wellentäler und Berge, in denen sich die Plastikpartikel fangen. Die werden dann durch das mittlere Rohr ausgeleitet, während durch die äußeren Rohre das gereinigte, nahezu plastikfreie Wasser abfließt. Im Labor funktioniert das bereits, nun wird die Methode weiter verfeinert.

77.

Darf ein Produkt, das Zucker enthält, mit dem Aufdruck »ohne Süßstoffe« beworben werden?

A: Ja, denn Zucker gilt nicht als Süßstoff.

B: Nein, das widerspricht dem Lebensmittelrecht.

C: nur, wenn es sich bei dem Produkt um Schokolade handelt

A: Ja, denn Zucker gilt nicht als Süßstoff.

Es klingt verwirrend, ist aber so: Obwohl Zucker Speisen süß macht, ist er kein Süßstoff. Dieser Begriff ist vielmehr reserviert für Substanzen, die sehr stark süßen und damit den Zucker ersetzen. Ob der Zuckerersatz auf natürliche Weise aus Pflanzen gewonnen wird wie etwa das Stevia oder ob er künstlich hergestellt wird, das spielt keine Rolle. Rein rechtlich gehören die Süßstoffe zu den Lebensmittelzusatzstoffen, sie müssen in der Zutatenliste des betreffenden Produktes auftauchen. Aber die Angabe »ohne Süßstoffe« bedeutet im Umkehrschluss nicht, dass das betreffende Produkt auch keinen Zucker enthält. Zumal Zucker, das nur nebenbei, sich hinter verschiedenen Begriffen verstecken kann, etwa Dextrose, Laktose, Glukosesirup ...

Was ist nun der Vorteil von natürlichen und künstlichen Süßstoffen gegenüber Zucker? Sie enthalten fast keine Kilokalorien bzw. Kilojoule, und man füttert mit ihnen auch nicht die Karies verursachenden Bakterien. Trotzdem stehen die Süßstoffe immer mal wieder in Verdacht, ungesund zu sein. Am besten ist es ohnehin, so die Empfehlung, beides – Zucker und Süßstoffe – nur mäßig zu verzehren.

78.

Welchen Dienst erweist der Kölner Christoph Schwers seinen Mitmenschen seit fast 30 Jahren?

A: Parkplatzmelder per Telefon

B: Gratis-Mitfahrgelegenheit im Kölner ÖPNV

C: buchbarer Platzhalter für verspätete Studenten im Hörsaal

B: Gratis-Mitfahrgelegenheit im Kölner ÖPNV

Es war im Jahr 1991. Der damals 26-jährige Christoph Schwers aus Köln-Lindenthal bestieg gut gelaunt die Stadtbahn Linie 16, um von Köln nach Bonn zu fahren. Er besaß ein Monatsticket, hatte jedoch irrtümlich seinen Anschlussfahrschein außerhalb des Tarifgebietes nicht richtig entwertet und musste deshalb bei einer Kontrolle 30 D-Mark »erhöhtes Beförderungsentgelt« zahlen. Alle Beteuerungen, er sei kein Schwarzfahrer, nützten nichts. Da schwor sich Schwers, Rache zu üben – legal natürlich.

Seither nimmt der passionierte Bus- und Bahnnutzer abends ab 19 Uhr und an den Wochenenden andere Fahrgäste gratis mit, so wie es die Bestimmungen seines Abo-Tickets gestatten. Dafür spricht er die Leute an Fahrkartenautomaten gezielt an. Schätzungsweise über 12 000 Menschen hat er auf diese Weise bereits eine Freude gemacht – er hat längst aufgehört, Strichlisten zu führen. Zwischenzeitlich kam der sogenannte »KVB-Schreck« damit sogar ins Guinnessbuch der Rekorde. Manche, die er mitnimmt, fragen auf der Hinfahrt schon, wann er zurückfährt – und buchen ihn damit regelrecht. Ihn freue es, den Leuten eine Freude zu machen, sagt Christoph Schwers.

79.
Die Milbenart »Demodex folliculorum« …?

A: frisst ihr ganzes Leben, ohne die Nahrung jemals auszuscheiden

B: nimmt mehr als das Hundertfache ihres Gewichts an Nahrung zu sich

C: kann sich nur nach längeren Hungerphasen fortbewegen

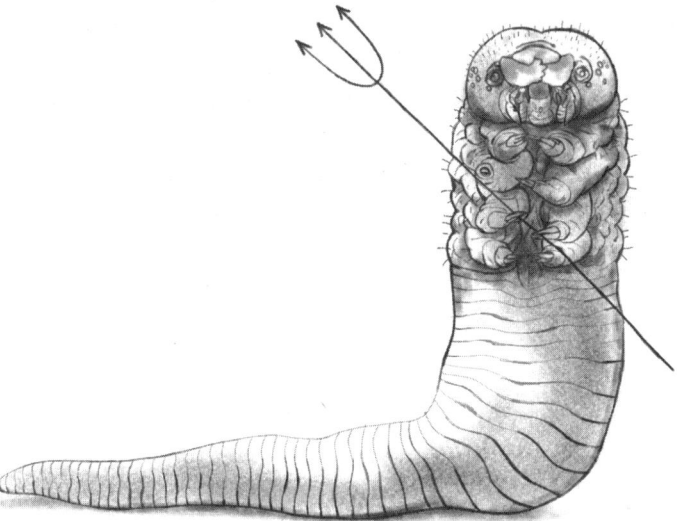

A: frisst ihr ganzes Leben, ohne die Nahrung jemals auszuscheiden

Rein geht's, aber nicht mehr raus. Das Futter, das die Milbenart »Demodex folliculorum« zu sich nimmt, scheidet sie nicht aus. Kann sie auch gar nicht, sie besitzt nämlich keinen Darmausgang. Was aber frisst das gute Tier? Talg! Diese Milbenart lebt nämlich auf der menschlichen Haut, genauer: im Haarbalg, zwischen der Haarwurzel und der Haut. Und weil dort auch eine Talgdrüse mündet, sitzt die Milbe quasi tagaus tagein an der Quelle.

Das alles hört sich etwas eklig an, ist aber ein ganz gewöhnlicher Vorgang der Natur. Jeder Mensch wird im Lauf seines Lebens von Haarbalgmilben besiedelt, meist im Gesicht, manchmal auch an anderen Körperteilen, etwa den Knien. Die Milben können zwar Hautkrankheiten auslösen, müssen das aber nicht zwangsläufig. Unter normalen Umständen sind sie für den Menschen völlig harmlos. Und wie ist das nun mit dem fehlenden Darmausgang? Platzen die Milben dann nicht irgendwann? Keine Sorge, vorher sterben sie ab. Sie werden nämlich nur vierzehn bis sechzehn Tage alt.

80.

Was ist das Besondere an einem Fahrradweg zwischen den niederländischen Städten Nuenen und Eindhoven?

A: Die Räder dürfen dort nur geschoben werden.

B: Es ist der erste Radweg mit Maut-Station.

C: Er erscheint nachts wie ein berühmtes Kunstwerk.

C: Er erscheint nachts wie ein berühmtes Kunstwerk.

435 Kilometer misst der Van-Gogh-Radweg, er führt durch die südniederländische Provinz Nordbrabant. Dort wurde der Maler Vincent van Gogh geboren, und dorthin kehrte er als 30-Jähriger im Dezember 1883 zurück. Während der folgenden zwei Jahre schuf er im Ort Nuenen nahe Eindhoven unter anderem sein erstes Meisterwerk, »Die Kartoffelesser«. Auch die nahe gelegene Opwetten- und die Coll-Wassermühle bannte Van Gogh auf Leinwand.

Zwischen diesen beiden Mühlen verläuft nun ein besonderer Abschnitt des nach dem Maler benannten Radweges: Auf 600 Metern hat der niederländische Künstler und Erfinder Daan Roosegaarde im Jahr 2014 zahllose funkelnde, farbige Steinchen mit Spezialbeschichtung verlegt. Tagsüber lädt das Tageslicht sie auf, in der Nacht strahlen sie Licht ab. Das macht den Weg bei Dunkelheit sicherer. Vor allem aber gibt der Van-Gogh-Roosegaarde-Radweg dem Radler das Gefühl, durch ein berühmtes Gemälde zu fahren: durch Vincent van Goghs »Sternennacht«. Dieses Bild ist allerdings erst 1889 entstanden, nachdem der Maler Richtung Süden weitergezogen war – in die Provence.

81.
Wer im Winter einen Schmetterling in seiner Wohnung findet, sollte ihn am besten …?

A: so schnell wie möglich wieder ins Freie lassen

B: in einer Schachtel mit Loch an einen kühlen Ort bringen

C: mit einer Mischung aus Wasser und etwas Honig füttern

B: in einer Schachtel mit Loch an einen kühlen Ort bringen

Winterschlaf halten sie nicht gerade. Aber auch Schmetterlinge haben – wie viele Insekten – ihre Strategie, mit der kalten Jahreszeit umzugehen: Sie fallen in die sogenannte Winterstarre. Denn als wechselwarme Tiere können sie ihre Körpertemperatur der äußeren Temperatur anpassen. Im Herbst suchen sie sich ein Plätzchen, das vor Frost geschützt ist, etwa Baumhöhlen. Manche, wie der Kleine Fuchs oder das Tagpfauenauge, bevorzugen sogar Wohngebäude. Aber nicht alle Schmetterlinge brauchen eine Behausung – einige, wie etwa der Zitronenfalter, bleiben sogar im Freien.

Wehe aber dem Schmetterling, der sich in einen kühlen Gebäudeteil zurückgezogen und dann das Pech hat, dass dort vielleicht eine Heizung aufgedreht wird: Dann erwacht er aus der Starre und flattert herum. Das kostet wertvolle Energie – er findet aber nichts zu fressen. Wenn man ihn jedoch ins Freie befördert, erfriert er. Was also tun? Am besten fängt man das Tier vorsichtig mit einem Glas ein und setzt es in eine Schachtel. Die sollte an einem kühlen Ort, zum Beispiel im Keller, gelagert werden. Ein großes Loch in der Schachtel sorgt dafür, dass der Schmetterling im Frühjahr hinausfliegen kann. Wichtig natürlich: dann auch die Fenster regelmäßig weit öffnen.

82.

Welches moderne Problem konnten Forscher der Harvard University schon für die römische Antike nachweisen?

A: Überfischung der Meere

B: industriell bedingte Luftverschmutzung

C: Arbeitsplatzverlust durch Automatisierung

B: industriell bedingte Luftverschmutzung

Die alten Römer waren in manchem erstaunlich modern – in der Medizin zum Beispiel. Aber auch im Schlechten erreichten sie gelegentlich fast moderne Zustände: so etwa in der Luftverschmutzung. »Wasser aus Tonröhren ist gesünder als das durch Bleiröhren geleitete, denn das Blei scheint gesundheitsgefährlich zu sein«, wusste zwar der römische Architekt Vitruv im 1. Jahrhundert v. Chr. Doch seine Zeitgenossen verbauten das Blei in großem Stil in ihren Wasserleitungen, nutzten es auch für Haushalts- und Kriegsgeräte und bauten es folglich in nahezu industriellem Maßstab ab. Auch in den folgenden eineinhalb Jahrtausenden wanderte durch Bergbau und Verhüttung jede Menge Blei in die Atmosphäre.

Forscher der Universität Harvard haben im Jahr 2017 nachgewiesen, dass die lang anhaltende Luftverschmutzung durch Blei tatsächlich menschengemacht ist: Anhand von Eisbohrkernen aus den Alpen konnten sie zeigen, dass in den Pestjahren des 14. Jahrhunderts die Bleibelastung der Luft für kurze Zeit extrem sank. Kein Wunder – als der Schwarze Tod wütete, kam jeder Bergbau zum Erliegen.

83.
Wer Rosskastanienpulver zur Hand hat, kann …?

A: es als Backtriebmittel verwenden

B: sich damit die Zähne putzen

C: Pigmentflecken auf natürliche Weise aufhellen

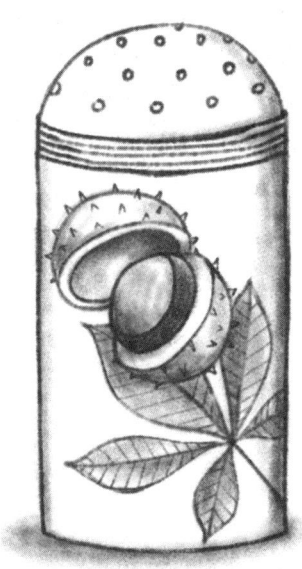

B: sich damit die Zähne putzen

Ihre Samen schmecken nur Pferden, und ihr Holz ist auch nicht besonders wertvoll, es taugt vor allem für Verpackungen und Spanplatten: Mit der Rosskastanie ist kein Staat zu machen, so scheint es. Doch Vorsicht: Die schönen Kerzen, mit denen sich der im 16. Jahrhundert nach Europa eingewanderte Baum im Frühjahr schmückt, haben es immerhin den Bienen und Hummeln angetan – auch wenn das nur für die weißen Kerzen gilt, nicht für die roten.

Und die Samen sind auch zu mehr gut als nur für Pferdefutter. Sie enthalten nämlich Saponine. Das sind natürliche Tenside, waschaktive Substanzen. Sie lösen Verschmutzungen und können deshalb in fein vermahlener Form als Waschmittel und auch als Zahncreme-Ersatz genutzt werden, wenn man – im letzteren Fall – nicht allzu sehr den Schaum vermisst. Einfach einen Teelöffel Kastanienpulver in den Mund oder zuerst auf die feuchte Zahnbürste geben und dann wie gewohnt putzen. Ein paar zerkleinerte Minzeblätter überdecken den leicht seifigen Geschmack und sorgen für ein gefälligeres Aroma. Zahncreme aus Rosskastanie enthält allerdings kein Fluorid und sollte deshalb nicht ausschließlich verwendet werden.

84.

Die in Deutschland immer häufiger angebotene »Indexmiete« bedeutet, dass sich der Mietpreis …?

A: an jedem 1. Januar über maximal 10 Jahre um je 5 % erhöht

B: nach dem Durchschnitt aller Mieten im Viertel oder Ort richtet

C: an der Lebenshaltung aller privaten deutschen Haushalte orientiert

C: an der Lebenshaltung aller privaten deutschen Haushalte orientiert

Bei Mieterhöhungen kann es leicht zu Konflikten kommen. Da ist es gut, wenn beide Seiten – Mieter und Vermieter – einen Vergleichswert haben, an dem sie sich orientieren können. Zwei Möglichkeiten gibt es dafür: die ortsübliche Vergleichsmiete, wie sie zum Beispiel dem Mietspiegel zu entnehmen ist, und die Indexmiete. Letztere orientiert sich nicht an den Mietpreisen in der betreffenden Region, sondern am amtlichen Verbraucherpreisindex, wie ihn das Statistische Bundesamt ermittelt – also an den Lebenshaltungskosten aller privaten deutschen Haushalte.

Die Indexmiete hängt folglich immer mit der Inflation zusammen. Sie kann für Wohn- und Gewerberaum vereinbart werden. Für Wohnraum ist sie in Paragraf 557b BGB geregelt. Für den Mieter hat die Indexmiete den Vorteil, dass er nicht mit willkürlichen Mieterhöhungen rechnen muss. Der Vermieter indessen kann steigende Einnahmen erwarten, die meist irgendwann die ortsüblichen Mieten übersteigen. Mietwucher ist aber unwahrscheinlich, da der Index keine großen Sprünge macht.

85.
Wer mit einem Induktionsherd statt mit Gas kocht, …?

A: sollte laut Hersteller auf eine Dunstabzugshaube verzichten

B: verbraucht etwa 50 Prozent weniger Energie

C: sollte den WLAN-Router möglichst weit weg vom Herd platzieren

B: verbraucht etwa 50 Prozent weniger Energie

Glaskeramik-Kochfelder, auch Ceran-Kochfelder genannt, können mit Induktionstechnik genutzt werden. Beim Kochen entsteht hier eine elektromagnetische Wechselwirkung zwischen Kochgeschirr und Kochfeld, und die Wärme wird direkt im Topfboden erzeugt, nicht auf dem Kochfeld. Für dasselbe Kochergebnis brauchen Induktionsfelder deshalb laut Stiftung Warentest ein Fünftel weniger Energie im Vergleich zu Wärmestrahlungsfeldern. Allerdings sind Induktionsherde in der Anschaffung derzeit noch deutlich teurer als konventionelle Herde. Die Ersparnis beim Strom rechnet sich also für den jeweiligen Verbraucher nicht, zumal ja eventuell auch neue, für das Magnetfeld geeignete Pfannen und Töpfe angeschafft werden müssen.

Außerdem gilt: Auch Induktionsherde müssen mit Strom betrieben werden. Und der wird nun mal immer noch zu großen Teilen aus Kohle gewonnen. Die Energiebilanz von Gas ist deshalb besser, auch wenn Gasherde doppelt so viel Energie verbrauchen wie Induktionsherde. Denn beim Kochen mit Gas entstehen deutlich weniger Treibhausgase. Die Kilowattstunde Gas kostet außerdem im Schnitt nur ein Viertel dessen, was die gleiche Menge Strom kostet.

86.

Das Mineral Bridgmanit trug bis 2014 keinen Namen, …?

A: weil der zuständige Wissenschaftler den Namensantrag verlor

B: obwohl es das häufigste Mineral der Erde ist

C: denn Goethe hielt bis dahin die Namensrechte

B: obwohl es das häufigste Mineral der Erde ist

Es klingt schon merkwürdig: Da existiert etwas in rauen Mengen, aber niemand hat es je gesehen, geschweige denn berührt. Und trotzdem weiß man, dass es da ist. So verhielt es sich lange Zeit mit einem Mineral, das unter dem Oberbegriff Silikat-Perowskit im Wortsinn ein Schattendasein fristete. Zu seiner Entstehung benötigt es extrem hohen Druck, wie er im Erdinneren oder bei einem Meteoriteneinschlag herrscht. Es kommt Hunderte Kilometer unter der Erdoberfläche vor. Dorthin gelangt keine menschliche Bohrung, und kein Vulkanausbruch hat je etwas davon ans Tageslicht befördert. Nur durch seismische Messungen wusste man, dass es existiert – und dass es mit schätzungsweise 38 Prozent der Erdmasse sogar das häufigste Mineral unseres Planeten ist.

Im Jahr 2014 dann haben zwei Forscher in den USA Spuren davon in den Schmelzäderchen eines Meteoriten nachgewiesen, der 1879 in Australien niederging und in London ausgestellt ist. Endlich! Nun durfte man dem Mineral einen Namen geben – dafür ist nach wissenschaftlichen Regeln eine Fundprobe nötig. Es wurde nach Percy Williams Bridgman benannt, dem 1961 verstorbenen Begründer physikalischer Hochdruckexperimente.

87.

Womit gehen Agrarwissenschaftler gegen ein Bakterium vor, das weltweit die Zitrusindustrie bedroht?

A: mit dunklen Samtumhängen

B: mit Rosmarinbüschen

C: mit feinen Hundenasen

C: mit feinen Hundenasen

Wer einen Hund besitzt, der weiß: Diese Vierbeiner machen sich gern nützlich. Sie hüten Schafe und ziehen Schlitten, sie retten verirrte Bergwanderer, führen Blinde und überführen Rauschgiftschmuggler. Besonders begabte Exemplare stehen gern mal vor der Kamera. Und mit ihrer feinen Nase können Hunde sogar Zuckerkranken zur Seite stehen.

Auch in der Landwirtschaft werden sie bald gern gesehen sein – als Frühwarnsystem auf Zitrus-Plantagen. Immer wieder macht nämlich das Bakterium Candidatus Liberibacter asiaticus großflächig Orangen und Zitronen den Garaus. Es verursacht die Gelbe-Trieb-Krankheit, auf Englisch Citrus Greening, die den Nährstofftransport in den Pflanzen hemmt. Fleckige Blätter, gelbe Triebe und verschrumpelte Früchte sind die Folge, Milliardenschäden drohen. Um die Pflanzen und damit die Ernte zu schützen, gilt es, das Bakterium schon früh auf frischer Tat zu ertappen. Hier kommen die Hunde ins Spiel. Forscher des US Department of Agriculture in Fort Pierce haben Versuchstiere darauf trainiert, den Übeltäter zu erschnuppern. Entdeckten die Fellnasen eine befallene Pflanze, setzten sie sich davor und machten so auf den Schädling aufmerksam. Zu 99 Prozent lagen sie richtig – und waren wesentlich schneller und genauer als Labortests.

88.

Was sollten Autofahrer laut TÜV im Fahrzeug mitführen?

A: Kaufverträge von Ersatzteilen

B: Luftpumpe

C: ausgedrucktes Schema des Fahrzeugs

C: ausgedrucktes Schema des Fahrzeugs

3,5 Millionen Pkw wurden im Jahr 2020 in Deutschland hergestellt – in den Vorjahren waren es sogar deutlich mehr, der Einbruch ist coronabedingt. Doch immer noch sind es so viele Fahrzeuge, dass Rettungskräfte unmöglich alle Varianten vor Augen haben können. Zumal sich die Modelle manchmal nur im Detail voneinander unterscheiden. Gerade bei Verkehrsunfällen mit modernen Autos müssen die Einsatzkräfte aber meist schnell entscheiden, wo sie ihr Rettungswerkzeug gefahrlos einsetzen können und welche Vorsichtsmaßnahmen notwendig sind: Wo sind zum Beispiel Batterie und Benzintank? Wie vermeidet man es, noch nachträglich den Airbag auszulösen?

Der TÜV empfiehlt daher, sogenannte Rettungskarten oder auch Rettungsdatenblätter im Auto mitzuführen. Sie zeigen ein Schema des Fahrzeugs mit allen wichtigen Details. Die Karte sollte auf der Fahrerseite hinter der Sonnenblende aufbewahrt werden. Ein Aufkleber auf der Windschutzscheibe signalisiert den Rettern, dass eine solche Karte an Bord ist. Aufkleber mit QR-Code ermöglichen es den Rettungskräften sogar, das Fahrzeugschema digital abzurufen. Pkw-Besitzer können die passenden Rettungskarten beim Hersteller ihres Wagens herunterladen.

89.

Der Naturfotograf Sam Rowley gewann 2019 den Wettbewerb »Wildlife Photographer of the Year« mit einem Foto von …?

A: rangelnden Mäusen in einer Londoner U-Bahnstation

B: einer Taube auf der Schulter von Prinz Harry

C: einem Fuchs beim Sprung über die halb geöffnete Tower Bridge

A: rangelnden Mäusen in einer Londoner U-Bahnstation

U-Bahn-Stationen sind schon ein gefährliches Pflaster, vor allem nachts. Da tragen zuweilen große und kleine Halbstarke ihre Kämpfe aus, und Zuschauer sind dabei nicht gern gesehen. Der Naturfotograf Sam Rowley musste folglich jede Menge Geduld und fünf durchwachte Nächte aufwenden, um seine Helden zu erwischen: zwei Mäuse, die um einen Krümel stritten. Die siegreiche von beiden rang die andere förmlich nieder. Nachdem das Bild im Kasten war, trippelte sie mit dem Krümel davon.

Unter dem Titel »Station Squabble«, zu Deutsch »Bahnhofsplänkelei«, reichte Rowley den Schnappschuss 2019 bei einem Fotowettbewerb des London Natural History Museum ein – und gewann prompt den Publikumspreis »Wildlife Photographer oft the Year«. Er setzte sich damit unter mehr als 48 000 Einsendungen durch. U-Bahn-Passagiere in London kennen Rowley schon. Der hat sich nämlich auf Mäuse spezialisiert und liegt daher öfter mal bäuchlings auf den Bahnsteigen, die Kamera im Anschlag. Dass er kämpfende Nager vor die Linse bekam, war trotzdem Glück. Normalerweise lassen Passanten nämlich so viel Essen fallen, dass die Tiere sich gar nicht darum balgen müssen.

90.

Forscher am Fraunhofer-Institut in Oldenburg entwickeln derzeit für autonome Fahrzeuge spezielle ...?

A: »Ohren«, um relevante Geräusche im Straßenverkehr wahrzunehmen

B: »Hände«, um Hindernisse unter der Karosserie zu ertasten

C: »Zungen«, um auslaufende Flüssigkeiten aufzufangen

A: »Ohren«, um relevante Geräusche im Straßenverkehr wahrzunehmen

Für manche Autobesitzer lebt ihr Fahrzeug, sollte man meinen. Sie sprechen mit ihm, loben oder beschimpfen es, sie geben ihm einen Namen und verdrücken die ein oder andere Träne, wenn der Liebling nach Jahren und Unmengen von gemeinsam gefressenen Kilometern weiterwandert – im Zweifel nach Osten oder in die Schrottpresse.

Kein Wunder also, dass die Assistenzsysteme der Zukunft, an denen Forscher bereits eifrig basteln, nach dem Vorbild menschlicher Sinnesorgane gedacht sind. So entwickelt etwa ein Team am Fraunhofer-Institut für Digitale Medientechnologie IDMT in Oldenburg eine Art »Ohren«, die Geräusche im Straßenverkehr wahrnehmen und verarbeiten können. Mithilfe von Mikrofonen, Steuergeräten und intelligenter Software soll die Technologie zum Beispiel im Bruchteil einer Sekunde erkennen, wenn sich Rettungsfahrzeuge mit eingeschaltetem Martinshorn nähern, Kinder am Straßenrand spielen oder aber ein Nagel im Reifen die Fahrsicherheit beeinträchtigt. Autonom fahrende Autos sollen dann sogar in der Lage sein, passend zum Geräusch zu reagieren, also etwa für Rettungswagen eine Gasse zu bilden.

91.

Wer trotz einer Apfelallergie nicht auf den Verzehr von Äpfeln verzichten möchte, sollte …?

A: darauf achten, dass der Apfel frisch geerntet ist

B: grüne Sorten bevorzugen

C: besonders reife Äpfel essen

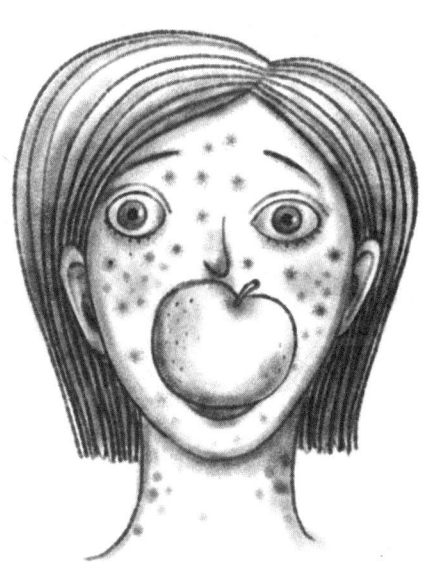

A: darauf achten, dass der Apfel frisch geerntet ist

Man muss nicht Schneewittchen heißen, um nach dem ersten Biss in einen Apfel Rötungen und Schwellungen zu entwickeln. Eine ganz normale Apfelallergie genügt dafür – und die kommt leider immer häufiger vor. Mittlerweile leiden schätzungsweise mehrere Millionen Menschen in Deutschland darunter. Sie vertragen Supermarktäpfel wie Golden Delicious, Gala oder Jonagold oft schlechter: Aus diesen Sorten wurden bestimmte Abwehrstoffe, die Polyphenole, herausgezüchtet, um einen süßeren Geschmack zu erzielen.

Polyphenole schützen den Apfel vor Schimmelpilzen und verhindern vermutlich, dass der Mensch die allergieauslösenden Eiweiße aus den Früchten aufnimmt. In alten Apfelsorten wie dem Gravensteiner sind mehr Polyphenole enthalten. Aber es gibt auch verträglichere neue Sorten wie Santana und Wellant. Hilfreich ist es außerdem, frisch geerntete Äpfel schnell zu verzehren. Je länger sie lagern, desto stärker werden die Polyphenole abgebaut. Günstig ist es, die Äpfel im Kühlschrank zu lagern und vor dem Verzehr zu schälen, weil sich in der Schale die meisten Allergene sammeln. Generell gilt: Allergiker sollten zunächst immer ihre individuelle Reaktion abwarten, bevor sie sich auf Sorten oder Reifegrad verlassen.

92.

Wie kommen die Löcher in den Kalkstein Travertin?

A: Eingeschlossene Pflanzenteile und Kleintiere werden zersetzt.

B: Sauerstoff löst Druck an der Oberfläche aus.

C: Kalziumkarbonat löst sich bei Kontakt mit Wasser auf.

A: Eingeschlossene Pflanzenteile und Kleintiere werden zersetzt.

Mit seinen kleinen und großen Löchern sieht er aus wie ein Schweizer Käse – und die Löcher sind auch sein Qualitätsmerkmal. Travertin, zu Deutsch »Kalkstein aus Tivoli«, ist ein poröser Kalkstein. Er entsteht, wenn sich überschüssiges Kalziumkarbonat aus Süßwasserquellen ablagert. Das tut es in Schichten, die später auch deutlich erkennbar sind. Doch wie entstehen die Löcher und die poröse Struktur?

Immer wieder werden bei der Ablagerung Pflanzen, Pflanzenteile und Kleintiere eingeschlossen. Sie zersetzen sich später und lassen Hohlräume zurück. Oft behalten diese Hohlräume sogar die Struktur der eingeschlossenen Pflanzen. Sie können sich aber auch noch schließen, wenn früh genug weiterer Kalk nachfließt. Mit seinen warmen Farbschattierungen von Beige bis Braun, von Gelb bis Grau ist Travertin, obgleich ein Weichgestein, von jeher beim Bauen beliebt. So ist er zum Beispiel für das Kolosseum in Rom verwendet worden. Heute wird er gern auch beim Innenausbau eingesetzt, sogar für Bäder oder Küchen. Dabei werden seine Poren vorher meist verschlossen, damit sich in ihnen kein Schmutz ablagert. Am besten macht Travertin sich aber im Außenbereich, zum Beispiel als Terrassen-Fußboden.

93.

Um sich gegen Wüstensand und Sonneneinwirkung zu schützen, haben Dromedare …?

A: eine Doppelreihe ineinandergreifender Augenwimpern

B: verschließbare Ohrmuscheln

C: eine einklappbare Unterlippe

A: eine Doppelreihe ineinander- greifender Augenwimpern

Haben sie nun einen Höcker oder zwei? Und wo sind sie zu Hause? Dromedare sind eine von zwei Kamelarten – erkennbar an dem einen Höcker, während ihre Cousins, die Trampeltiere, zwei Höcker besitzen. Trampeltiere finden sich vor allem in Asien. Dromedare hingegen sind in Nordafrika und im südwestlichen Asien als Haustiere verbreitet. Sie haben sich im Lauf der Zeit perfekt an die oft wüstenhaften Gegenden angepasst, in denen sie leben. Der Höcker zum Beispiel dient zwar nicht – wie oft fälschlich angenommen – als Wasserspeicher, aber er enthält Fettvorräte für magere Zeiten, die in der Wüste ja nicht selten vorkommen.

Um seine Atemwege vor herumfliegendem Sand zu schützen, kann das Dromedar seine Nasenöffnungen schließen. Nachts sinkt seine Körpertemperatur so weit ab, dass sie tagsüber nur ganz langsam wieder ansteigt. Deshalb schwitzt das Dromedar nicht so sehr und verliert auf diese Weise weniger Flüssigkeit. Bemerkenswert sind außerdem die Augen: Sie sind von einer Doppelreihe langer Wimpern umschlossen, die ineinandergreifen. So kann das Dromedar bei Sandstürmen seine Augen sicher verschließen.

94.

Um Daten in Ozeanen sammeln zu können, versuchen US-Forscher, …?

A: Haie mit Einholnetzen auszustatten

B: Seeotter auf Zuruf zu trainieren

C: Quallen mit Elektroantrieb fernzusteuern

C: Quallen mit Elektroantrieb fernzusteuern

Quallen sind multikulti – sie leben fast überall in den Weltmeeren, in den unterschiedlichsten Gewässern. Das wollen Forscher sich zunutze machen, um Daten über das jeweilige Wasser zu sammeln: etwa über Temperatur, Salz- und Sauerstoffgehalt. Die Quallen müssen dafür eigentlich nur eines: etwas effizienter schwimmen. Theoretisch sind sie dazu in der Lage. Sie schwimmen nur von sich aus langsamer, als sie eigentlich könnten, um auf diese Weise besser ihre Beute fangen zu können.

Ein Forschungsteam des California Institute of Technology stattete nun Anfang 2020 Ohrenquallen mit elektronischen Reglern aus. Die funktionieren wie Herzschrittmacher: Mithilfe elektrischer Spannung beschleunigen sie die pulsierenden Bewegungen der Quallen. So werden die Tiere dreimal so schnell. Das Verfahren schadet ihnen nicht: Die Forscher prüften, ob die Quallen Schleim absonderten – ein typisches Stresszeichen. Das war nicht der Fall. Als Nächstes soll versucht werden, die Quallen in bestimmte Richtungen zu lenken. Wenn alles klappt, sollen diese Quallen-Roboter-Hybride dann mit Sensoren ausgestattet werden, die die Datensammlung übernehmen.

95.
Warum tragen Zimmerleute traditionell Schlaghosen?

A: Sie sollen beim Erklimmen von Leitern für zusätzlichen Halt sorgen.

B: Sie sollen verhindern, dass Sägespäne in die Schuhe hineinfallen.

C: Die Weite des Schlags zeigte die Länge der absolvierten Walz an.

B: Sie sollen verhindern, dass Sägespäne in die Schuhe hineinfallen.

Hosen mit Schlag sind immer mal wieder modern. Alle paar Jahrzehnte erobern sie aufs Neue die Laufstege. In einer Branche sind sie allerdings zeitlos: bei den Zimmerleuten. Wohl jeder hat sie schon mal gesehen: Zimmergesellen und -gesellinnen auf der Walz, in der traditionellen Kluft aus kragenlosem weißen Hemd, schwarzer Weste, Jacke und Schlaghose, dazu der breitkrempige Hut und oft auch ein Knotenstock. Die Hosen sollen bei Wind und Wetter warm halten, sie müssen robust und reißfest sein. Üblicherweise sind sie, ebenso wie die mit Perlmuttknöpfen besetzte Weste und Jacke, aus Samt oder Manchesterstoff.

Warum nun aber der Schlag? Er hatte zunächst praktische Gründe, bevor er sich dann auch als Kennzeichen der Branche etablierte: Wenn die Hose weit genug ist, dass sie die Schuhe bedeckt, dann ist sichergestellt, dass weder Nägel noch Sägespäne und -mehl in die Schuhe fallen können. Wie groß ist nun solch ein Schlag klassischerweise? Eine »zünftige«, also zunftgerechte Hose hat 65 Zentimeter Umfang, es gibt aber auch Hosen mit 100 Zentimetern und trotz allem auch solche ohne Schlag.

96.

**Wie glaubt ein Forscherteam,
zukünftig in Filmen und Videos reale
von computergenerierten Gesichtern
unterscheiden zu können?**

A: durch Messung des Pulses im Gesicht

B: durch die Form der Lippen

C: durch Scannen von Haaren in Standbildern

A: durch Messung des Pulses im Gesicht

Könnten Sie ein computergeneriertes Gesicht von einem echten unterscheiden? Wer auf diese Frage unbekümmert mit »Ja« antwortet, liegt leider falsch. Die Technik der sogenannten »Deepfakes« – mittels Künstlicher Intelligenz gefälschte Medieninhalte – ist mittlerweile sehr ausgeklügelt. So merken wir es nicht, wenn uns ein per »face swapping« generiertes Gesicht gezeigt wird. Dem Missbrauch sind dadurch Tür und Tor geöffnet: Beispielsweise kann man Menschen in peinliche Videos einbauen, oder man legt ihnen Zitate in den Mund, die sie nie gesagt haben.

Welche Möglichkeiten gibt es, solch einen »Gesichtsklau« schnell aufzuklären und damit Täter abzuschrecken? Zwei Forscher von der Universität Trient haben einen Weg gefunden: Echte Menschen haben ein schlagendes Herz und somit einen Puls – der auch im Gesicht sichtbar ist, denn das Gefäßsystem ist dort sehr eng mit der Haut verbunden. Mit speziellen Kameras lässt sich messen, ob im Gesicht ein wechselndes Blutvolumen besteht und somit ein Pulsschlag erkennbar ist. Entdecken die Algorithmen keine Veränderungen im Blutkreislauf, handelt es sich vermutlich um ein computergeneriertes Gesicht. Erste Tests verliefen erfolgreich.

97.
**Droht dem Siebenschläfer Gefahr,
kann er …?**

A: bis zu neun Minuten abtauchen

B: seinen Schwanz abwerfen

C: eine Blindschleiche imitieren

B: seinen Schwanz abwerfen

Er sieht aus wie ein Grauhörnchen mit Mäusekopf. Doch ist der Siebenschläfer kleiner als das Eichhörnchen und hat einen weniger imposanten Schwanz. Dafür beherrscht er mit diesem Körperteil einen Trick, um den ihn jedes Eichhörnchen beneiden könnte: Wenn er gejagt wird und der Feind ihn schon am Schwanz gepackt hat, so kann der Siebenschläfer den Schwanz einfach abwerfen. »Schwanzhautverlust« heißt das in der Fachsprache. Der Schwanz fällt allerdings nicht komplett ab. Vielmehr lösen sich an einer Sollbruchstelle Haut und Fell vom Schwanzskelett. Die nun unbedeckten Wirbel fallen später ab oder werden abgefressen. Wenn dann innerhalb von kurzer Zeit Haut und Fell nachgewachsen sind, ist der Schwanz nur ein bisschen kürzer als vorher.

Der Siebenschläfer lebt in Laub- und Mischwäldern und verbringt den Großteil seines Lebens auf Bäumen. Er ist nachtaktiv, hält jedoch tagsüber gern mal auf verlassenen Dachböden und in unbewohnten Gartenhäuschen sein Nickerchen. Wenn er dann in der Dunkelheit sein Nachtwerk beginnt, kann der kleine Racker so herumpoltern, dass Menschen denken, ein Einbrecher mache sich da zu schaffen.

98.

**Der Sturm »Sabine« sorgte im
Februar 2020 dafür, dass ...?**

A: der Rhein kurzzeitig einen Kilometer pro Stunde
langsamer floss

B: sich der Schiefe Turm von Pisa um knapp 0,2 Grad
aufrichtete

C: ein Flugzeug in unter fünf Stunden von New York
nach London flog

C: ein Flugzeug in unter fünf Stunden von New York nach London flog

Das Orkantief »Ciara« richtete im Februar 2020 in Deutschland unter dem Namen »Sturmtief Sabine« viele Schäden an. Die Versicherer zählten 540 000 versicherte Schadensfälle im Gesamtwert von rund 675 Millionen Euro. Doch auch Kuriositäten hatte das Extremwetter im Gepäck. So schob es drei Passagiermaschinen in knapp fünf Stunden von New York nach London. Die veranschlagte Flugzeit beträgt für diese Strecke normalerweise mehr als sechs Stunden.

Die drei Maschinen stellten dabei neue Rekorde für die rund 5500 Kilometer lange Strecke auf: Sie unterboten den bis dahin schnellsten Flug von fünf Stunden und 13 Minuten von Norwegian Air aus dem Jahr 2018. Sturmtiefs sind die unbeabsichtigten Dopingmittel im Flugverkehr, so könnte man demzufolge sagen. Nur die »Concorde« ist insgesamt – und aus eigener Kraft – noch um einiges schneller gewesen: Das Überschall-Passagierflugzeug schaffte die Strecke von London nach New York 1996 in zwei Stunden und 52 Minuten. Der Flugbetrieb mit diesen Maschinen wurde jedoch – nach einem Unfall im Juli 2000 – im Jahr 2003 eingestellt.

99.

Wer nackt bei Regen unter dem Manchinelbaum steht, …?

A: riecht anschließend nach Lebkuchen

B: kann Blasen auf der Haut davontragen

C: wird mit einem wundheilenden Nektar überzogen

B: kann Blasen auf der Haut davontragen

Dieser Baum ist ein Killer. Sein Name wirkt so harmlos wie sein Äußeres: Manchinel kommt von »la manzanilla«, das Äpfelchen. Und genauso sieht er aus, wie ein Apfelbaum mit kleinen, grünen Früchten, die noch dazu wunderbar duften. Doch Vorsicht: Wer von ihnen isst (oder auch von den Blättern), der kann daran sterben. Der Manchinelbaum, eine Unterart der Wolfsmilchgewächse, zählt zu den gefährlichsten Bäumen der Welt. In all seinen Teilen sind giftige Stoffe enthalten. Sie werden bei Regen mit dem Milchsaft ausgesondert, einem Sekret, und können, auch wenn man nur unter einem solchen Baum steht, auf der Haut schon zu Blasen führen. Wird der Baum verbrannt und gelangt der Rauch dabei in die Augen, kann das sogar vorübergehende Blindheit zur Folge haben.

Der Manchinelbaum kommt hauptsächlich in Zentral- und Südamerika sowie in Teilen der Karibik vor, er wächst in Strand- und Küstennähe. Die Menschen in der Karibik vergifteten einst ihre Pfeile mit dem toxischen Milchsaft und banden Feinde an die Baumstämme, um ihnen einen langsamen und qualvollen Tod zu bereiten. Trotz alledem steht der Manchinelbaum in Florida als vom Aussterben bedrohte Art unter Schutz.

100.

Welche architektonische Besonderheit weist das Kolosseum in Rom auf, an der sich Fußballstadien heute noch orientieren?

A: Sitz- und Stehplätze hatten separate Eingänge.

B: Ausgeklügelte Gänge erlaubten eine Räumung in wenigen Minuten.

C: Auf 50 Zuschauer kam eine Toilette.

B: Ausgeklügelte Gänge erlaubten eine Räumung in wenigen Minuten.

Manches, was in der Antike praktisch war, hat auch heute seinen Sinn nicht verloren. So verhält es sich etwa mit einer architektonischen Besonderheit, die schon auf die alten Römer zurückgeht: die »Vomitoria«. Der Begriff kommt vom lateinischen »vomitare« – ausspeien, sich erbrechen. Vomitoria hieß der Zugang zu den Sitzreihen in den Amphitheatern, Theatern und Circi (das waren langgestreckte Arenen für Wagenrennen). Am Beispiel des Kolosseums lässt sich dieses Prinzip sehr schön beschreiben: Insgesamt 80 breite, hohe Tore leiteten die Zuschauermenge über ausgeklügelte Gänge und Marmortreppen ins Innere zu ihren Plätzen. Wer während des Einlasses auf der Bühne oder in der Arena stand, dem bot sich ein Bild, als ob die Eingänge die Menschenmassen nur so ausspeien würden. Es dauerte auf diese Weise gerade mal 15 Minuten, bis das Kolosseum mit seinen rund 50 000 Plätzen gefüllt war.

Und nicht nur der Einlass war somit reibungslos geregelt, sondern auch die Evakuierung: Das System aus Gängen und Treppen erlaubte es, dieses Amphitheater innerhalb weniger Minuten komplett zu leeren. Kein Wunder, dass das Gestaltungsprinzip der Vomitoria noch heute beim Stadionbau eingesetzt wird.

101.
Ein Langzeitaufenthalt in der Antarktis hat bei einem Menschen zur Folge, dass …?

A: die Hautschicht an Beinen und Armen dicker wird

B: er besser in die Ferne sehen kann

C: sich das Gedächtnis und das räumliche Denken verschlechtern

C: sich das Gedächtnis und das räumliche Denken verschlechtern

Neumayer III heißt die deutsche Forschungsstation des Alfred-Wegener-Instituts auf dem Ekström-Schelfeis in der Antarktis, viereinhalbtausend Kilometer von Kapstadt entfernt. Von Ende Februar bis Anfang November herrscht dort Winter: Dunkelheit und Kälte bis zu minus 50 Grad, dazu absolute Einsamkeit. Ideale Voraussetzungen, um zu testen, was das Leben in der Einöde mit dem menschlichen Gehirn macht, so dachten sich Wissenschaftler der Charité Berlin. Für eine Studie untersuchten sie 2019 per MRT die Gehirne von neun Teilnehmern einer Expedition vor dem Aufbruch ins Eis und nach ihrer Rückkehr 14 Monate später. Außerdem machten sie kognitive Tests mit den vier Frauen und fünf Männern und analysierten Blutproben. Das Ergebnis: Während der Zeit in der Antarktis hatten sich die Hirnbereiche verkleinert, die für Gedächtnis und räumliches Denken zuständig sind.

Schuld daran war allerdings nicht das Eis, sondern das reizarme Leben auf der Station, die geringe Zahl an sozialen Kontakten und vielleicht auch der Schlafmangel. Die Wissenschaftler vermuten, dass die Veränderungen sich wieder zurückbilden werden. Sie sehen außerdem Parallelen zum Leben im Weltraum – auch nach längeren Aufenthalten auf der Raumstation ISS ist es schon zu Gehirnveränderungen bei Testpersonen gekommen.

102.

Der Klimaschutz-Index vergleicht die Klimaschutzleistungen von Industrie- und Schwellenländern, aber ...?

A: die ersten drei Plätze des Rankings sind unbesetzt

B: die Auswertung befindet sich um fünf Jahre im Verzug

C: teilnehmende Länder müssen ihre Daten freiwillig herausgeben

A: die ersten drei Plätze des Rankings sind unbesetzt

»Setzen, sechs!« Ganz so vernichtend ist es zwar nicht, was das Abschneiden einiger Länder in Sachen Klima betrifft. Doch viel Luft nach oben besteht trotzdem, das belegt alljährlich der Klimaschutz-Index. Der vergleicht 57 Staaten und dazu die EU, deren Mitgliedsstaaten zusammen für mehr als 90 Prozent des globalen Treibhausgasausstoßes verantwortlich sind. Der Index wird stets von drei Organisationen gemeinsam auf dem UN-Klimagipfel vorgestellt: von der deutschen Umwelt- und Entwicklungsorganisation Germanwatch, dem NewClimate Institute und dem weltweiten Klima-Netzwerk CAN International. Verglichen wird in vier Themenbereichen: Treibhausgasemissionen, erneuerbare Energie, Energieverbrauch, Klimapolitik.

Auch 2020 blieben wieder die ersten drei Plätze des Rankings unbesetzt. Das bedeutet: Keines der untersuchten Länder ergreift ausreichende Maßnahmen, um die Ziele des Pariser Klimaabkommens zu erreichen. Deutschland erreichte in dem Jahr Platz 23 (im Jahr 2019 war es auf Platz 27 gelandet). Das Schlusslicht bildeten die USA.

103.

**Weshalb haben Zimmermannshämmer
häufig einen verlängerten Zahn
an der Klaue?**

A: um in hartem Holz Nagellöcher vorzuschlagen

B: um den Hammer beim Schlag besser
auszubalancieren

C: um große Holzbalken sicher zu bewegen

C: um große Holzbalken sicher zu bewegen

Zimmermannshämmer sind multifunktionale Werkzeuge. Sie ermöglichen es ihrem Besitzer, auch in schwierigen Positionen Nägel einzuschlagen, zum Beispiel über Kopf oder wenn die Nagelstelle nicht mit beiden Händen zu greifen ist. Zu diesem Zweck sind die Schlagflächen, im Fachjargon Hammerbahn genannt, mit einem magnetischen Einsatz ausgestattet, der auch einhändiges Arbeiten ermöglicht. Die Schlagflächen sind zudem oft geriffelt oder gerippt, damit der Hammer weniger leicht von den Nagelköpfen abrutscht.

Auf der gegenüberliegenden Seite seines Kopfes verfügt der Zimmermannshammer über eine Klaue, mit der Nägel herausgezogen werden können. Das Besondere daran: Die Klaue ist asymmetrisch – ein Zahn ist länger als der andere. Auch das dient einem bestimmten Zweck: Der lange Klauenzahn lässt sich gut in Holz einschlagen. Dann dient der Hammerstiel als Griff – und so lassen sich auch große Holzbalken sicher bewegen, ohne dass man Gefahr läuft, sich die Hände einzuquetschen.

104.

Das Wasser der Yanar Bulag Quelle in Aserbaidschan ist außergewöhnlich, denn ...?

A: es enthält kleine rot glitzernde Edelsteine

B: es kann in der Nacht singen

C: es lässt sich anzünden und ist trinkbar

C: es lässt sich anzünden und ist trinkbar

Im äußersten Süden Aserbaidschans liegt die Stadt Astara, das Zentrum der gleichnamigen Region. Einst ein kultureller, religiöser und wirtschaftlicher Mittelpunkt, ist sie heute geteilt – eine Hälfte gehört zu Aserbaidschan, die andere zum Iran. Noch auf aserbaidschanischem Gebiet liegt in ihrer Nähe das Dorf Archivan. Es ist bekannt durch seine Wasserquelle »Yanar Bulag«, zu Deutsch »brennende Quelle«. Von außen nicht besonders eindrucksvoll, lässt sich das Wasser dieser Quelle, die mit einem kleinen Pavillon überbaut ist, tatsächlich entzünden. Denn der unterirdische Fluss, dem sie entspringt, weist eine hohe Konzentration von Methangas auf. Entdeckt wurde das Naturphänomen, weil das Wasser unter dem Einfluss von Sonnenstrahlen brannte.

Und damit nicht genug: Aus dieser Quelle lässt sich auch trinken. Oben, auf einem einfachen Standrohr, lodern auf der Wasseroberfläche die Flammen, und gleichzeitig fließt das Wasser in Strahlen seitlich ab und lässt sich auffangen. Labortests bestätigten, dass es sehr gesund ist. Menschen aus der ganzen Region kommen, um sich Flaschen davon abzufüllen.

105.
**Wenn Eichhörnchen wissen wollen,
ob Gefahr durch Fressfeinde droht, …?**

A: legen sie sich mit einem Ohr auf den Boden

B: orientieren sie sich an Vogelgezwitscher

C: verstecken sie Eichhörnchen-Attrappen
unter den Blättern

B: orientieren sie sich an Vogelgezwitscher

Vogelgezwitscher wirkt beruhigend – nicht nur auf uns Menschen. Auch Eichhörnchen schätzen es, wenn die gefiederten Waldbewohner lustig vor sich hin trällern. Dann wissen die Nager nämlich, dass auch ihnen keine Gefahr droht und sie sich beruhigt ihrer Arbeit widmen können, die da heißt: Nahrung sammeln, Junge aufziehen, Turnübungen machen …

An diesem Beispiel zeigt sich wieder einmal, dass Tiere in freier Wildbahn durchaus zusammenarbeiten können. Eichhörnchen und Singvögel haben dieselben Fressfeinde. Deshalb orientieren sich die Nager daran, ob die Vogellaute nur harmloser Verständigung untereinander dienen oder ob die Vögel Alarmrufe ausstoßen. Das haben Biologen des Oberlin Colleges in Ohio/USA im Jahr 2019 herausgefunden. Sie spielten 54 wilden Grauhörnchen in verschiedenen Parks die Rufe des Rotschwanzbussards vor – eines erklärten Feindes der kleineren Vögel wie auch der Grauhörnchen. Wie zu erwarten, gerieten die Hörnchen in Panik. Wenn sie nun anschließend sorgloses Gezwitscher zu hören bekamen, entspannten sie sich jedoch deutlich schneller als in den Fällen, da die Wissenschaftler kein Gezwitscher folgen ließen.

106.

Vliesstoff findet sich in …?

A: Zementkleber, um die Haftung von Fliesen
zu unterstützen

B: der Fahrbahn im Straßenverkehr,
um Bodenschichten zu trennen

C: Euro-Banknoten mit hohem Nennwert,
aber nicht mit niedrigem

B: der Fahrbahn im Straßenverkehr, um Bodenschichten zu trennen

Vliesstoff besteht aus Fasern, die nicht miteinander verwoben oder verschlungen sind, sondern auf andere Weise aneinander haften – etwa durch mechanische oder chemische Einflüsse. Vliese dienen als Polstermaterial, in der Medizin als Kompressen, aber auch im Haushalt als Wischtücher – um nur einige Möglichkeiten zu nennen.

Und auch im Straßenbau wird Vlies verwendet. Straßen sind heutzutage ausgeklügelte, aus mehreren Schichten aufgebaute Gebilde. Ganz obenauf liegt die Decke aus Asphalt, Beton oder Pflastersteinen. Darunter kommen meist mehrere Tragschichten. Sie bestehen aus unterschiedlich groß gekörntem Gestein, das teilweise mit Bindemitteln verbunden und teilweise lose ist. Die Tragschichten sollen die Gewichtsbelastung durch die Fahrzeuge so abpuffern, dass das darunterliegende Erdreich nicht in Bewegung gerät. Die unterste Schicht dient darüber hinaus dem Frostschutz. Alle Schichten bilden zusammen mit der Decke den sogenannten Oberbau der Straße. Sie liegen auf dem Untergrund bzw. Unterbau auf, dessen Oberfläche planiert ist. Zwischen Ober- und Unterbau kommt meist eine Vliesschicht zum Einsatz. Sie sorgt für Stabilität und verhindert, dass die unterste Tragschicht sich mit dem Unterbau vermischt oder dorthin durchbricht.

107.
**Die Samen des Moringabaums
helfen bei der …?**

A: Filterung und Aufbereitung von Trinkwasser

B: kosmetischen Bräunung der Haut

C: Reinigung von Sandkästen

A: Filterung und Aufbereitung von Trinkwasser

Er ist ein echter Alleskönner: der Moringabaum. Als Selbstbräuner lässt er sich allerdings nicht verwenden. Und auch wenn er eine reinigende Wirkung hat, so entfaltet er diese doch nicht in Sandkästen. Wohl aber hilft sein Samen dabei, Trinkwasser zu filtern und aufzubereiten.

Ursprünglich stammt der Moringabaum aus Indien. Er wird auch Meerrettichbaum genannt, weil er Senföl-glykoside enthält und entsprechend riecht. Er wächst als Strauch oder als Baum mit einem verdickten, wie angeschwollenen Stamm. Seine Wurzeln lassen sich, wenn sie jung sind, als Gemüse nutzen. Sehr nahrhaft sind auch die scharfwürzigen Blätter, sie enthalten alle wichtigen Amino- und Fettsäuren. Moringapulver gilt denn auch heute als Superfood. Die Samen schließlich liefern ein Öl, das früher als Schmierstoff in Uhren landete und heute im Salat oder in Kosmetikmitteln. Und sogar zur Wasseraufbereitung lassen sich die Moringasamen in pulverisierter Form nutzen. Denn sie enthalten Stoffe, die Keime und Schmutzpartikel binden und so aus dem Wasser herausfiltern. Unter anderem in afrikanischen Ländern kann mit diesem natürlichen Mitteln einfach und schnell sauberes Trinkwasser gewonnen werden.

108.

**Warum spielte die Violinistin
Dagmar Turner Anfang 2020 im
Londoner King's College Hospital?**

A: Ärzte wandten eine Alternative zur örtlichen
Betäubung an.

B: Während ihrer Hirn-OP wurde die Funktion der
Nerven überprüft.

C: Ihr gebrochener Unterschenkelknochen sollte
schneller heilen.

B: Während ihrer Hirn-OP wurde die Funktion der Nerven überprüft.

Melodien können beruhigend wirken – nicht umsonst lassen manche Zahnärzte in ihren Behandlungsräumen Musik laufen. Im Fall der britischen Geigerin Dagmar Turner ging es jedoch um mehr als nur Beruhigung. Bei der Profi-Musikerin, die im »Isle of Wight Symphony Orchestra« spielt, war 2013 ein Hirntumor entdeckt worden, der trotz Bestrahlungen schnell wuchs. Sieben Jahre später gab es keine Alternative zur OP mehr. Doch eine Hirn-OP ist heikel – es bestand Gefahr, dass Nerven geschädigt würden, die für das Sprechen und die Feinmotorik zuständig sind. In dem Fall hätte Turner nicht mehr Geige spielen können – nach fast 40 Jahren mit diesem Instrument.

Um das möglichst zu verhindern, wurde die 53-Jährige während der OP in der Londoner King's-College-Klinik für zwei Stunden geweckt. In dieser Zeit spielte sie Geige – auf dem OP-Tisch! Man hatte eigens eine Körperstellung für sie gefunden, die das erlaubte. So konnten die Ärzte die korrekte Funktion der Nerven live überprüfen, während sie den Tumor entfernten. Das gelang auch: Über 90 Prozent des Tumors wurden entfernt. Drei Tage später konnte die Musikerin das Krankenhaus überglücklich verlassen.

109.

**Um Wasserqualität besser beurteilen
zu können, haben Forscher der Universität
Singapur ...?**

A: Wasserflöhe mit Brennnesselpulver gefüttert

B: Zebrabärblinge zum Leuchten gebracht

C: Kammmolche animiert, sich regelmäßig im Sand
zu wälzen

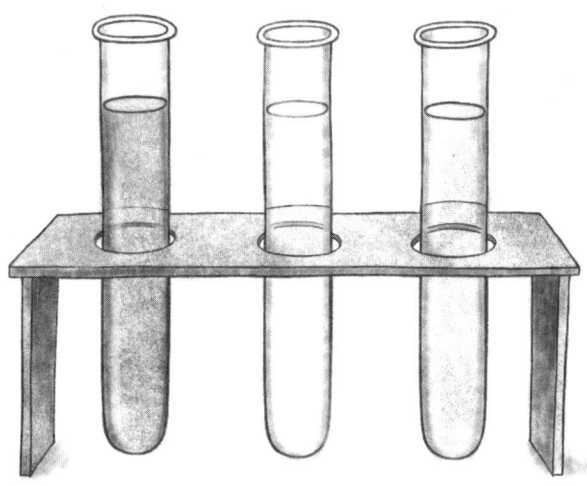

B: Zebrabärblinge zum Leuchten gebracht

Diese Fische tragen einen Markennamen: »GloFish« heißen die genetisch veränderten Zebrabärblinge, die 1999 an der Universität Singapur ursprünglich für rein wissenschaftliche Zwecke gezüchtet wurden. Forscher hatten gewöhnlichen Zebrabärblingen das GFP-Gen einer Quallenart eingesetzt, das fürs grüne Fluoreszieren zuständig ist. Sie koppelten das Gen an einen »biologischen Detektor« für Schadstoffe im Wasser: Fortan leuchteten die Fische grün, wenn das Wasser zum Beispiel mit Hormonen oder Schwermetallen verunreinigt war. Nach einiger Zeit gab es auch rot und gelb fluoreszierende Zebrabärblinge sowie drei andere entsprechend genmanipulierte Fischarten. Jeder Farbe wurden bestimmte Schadstoffe zugeordnet. Die Fische selbst sind dadurch nicht beeinträchtigt.

Was nur der Umwelt dienen sollte, wurde dann jedoch zum Kommerz: Eine Firma in den USA sicherte sich die Rechte an dem Patent. 2004 kam dort der erste »GloFish« in den Handel. Drei Jahre später tauchten die ersten Leuchtfische auch hierzulande auf – illegal, denn in der EU, der Schweiz und Kanada ist der Vertrieb genveränderter Tiere verboten.

110.

**Wofür lobte die NASA im Sommer 2020
35 000 US-Dollar aus?**

A: Induktionsplatten, die Töpfe magnetisch
auf dem Herd halten

B: Kontaktlinsen mit Feuchthaltefunktion

C: Toiletten, die auf dem Mond und in
Schwerelosigkeit funktionieren

C: Toiletten, die auf dem Mond und in Schwerelosigkeit funktionieren

»Lunar Loo Challenge«: Unter diesem Namen rief die NASA im Sommer 2020 einen Wettbewerb ins Leben. Sie lobte insgesamt 35 000 US-Dollar aus – das Preisgeld sollte auf die drei besten Entwürfe für eine Weltraumtoilette verteilt werden. Gesucht war ein stilles Örtchen, das sowohl auf dem Mond funktioniert als auch in Schwerelosigkeit. An dem Toilettenwettbewerb beteiligten sich mehr als 2000 Einsender. Im Oktober 2020 gab die NASA die Gewinner bekannt. Eine Ingenieurin aus Baden-Württemberg, die bei einem Badhersteller für die Entwicklung der Spülsysteme zuständig ist, belegte mit ihrem Entwurf den dritten Platz.

Der Hintergrund: Über 50 Jahre nach der letzten Apollo-Mission möchte die NASA im Jahr 2024 wieder Astronauten – und erstmals auch eine Astronautin – auf dem Mond landen lassen. Das neue Weltraum-Programm trägt den Titel Artemis. Bisherige Weltraumtoiletten, etwa auf der Raumstation ISS, funktionieren nur in der Schwerelosigkeit im All. Auf dem Mond herrscht jedoch Anziehungskraft – sie beträgt etwa ein Sechstel der Erdanziehungskraft.

111.

Obwohl der 61-jährige Landwirt Cliff Young in Arbeitshose und Gummistiefeln trainiert hatte, gewann er 1983 überraschend …?

A: den ersten Ultramarathon von Sydney nach Melbourne

B: die Ozeanienmeisterschaft im Freiwasserschwimmen

C: die seit 1950 jährlich ausgetragene Saunasitz-WM

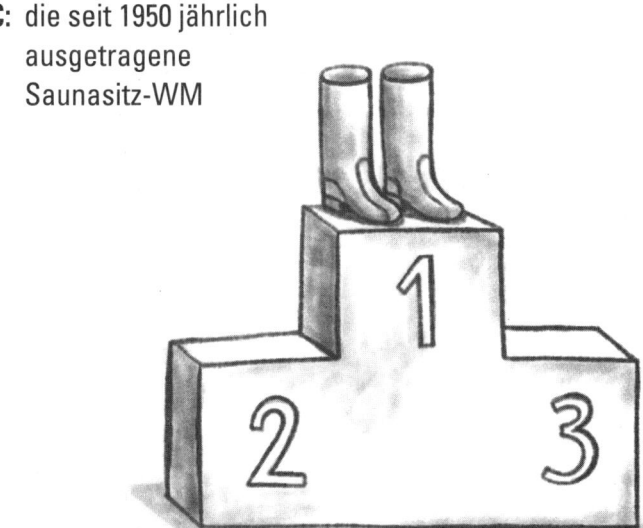

A: den ersten Ultramarathon von Sydney nach Melbourne

Ultramarathons heißen alle Laufstrecken, die länger sind als die für Marathons festgelegten 42,195 Kilometer. So auch die Strecke von Sydney nach Melbourne – sie beträgt 875 Kilometer und musste beim Westfield Sydney to Melbourne Ultramarathon geschafft werden. Zwischen 1983 und 1991 fand dieser Laufwettbewerb jährlich statt, Sponsor war das australische Shopping-Center-Unternehmen Westfield Group. Von sich reden machte vor allem der Gewinner des ersten Laufs 1983: ein australischer Schaffarmer aus der Nähe von Melbourne namens Cliff Young.

Mit 60 Jahren hatte er auf seiner Farm das Laufen zu trainieren begonnen. Im Jahr darauf trat er beim Westfield Ultramarathon an – in Arbeitshose und Gummistiefeln. Er lief sehr langsam, sodass er nach einem Tag im deutlichen Rückstand zu seinen Kontrahenten lag. Doch während diese in den Nächten jeweils mehrere Stunden ruhten, lief Young in diesem gemäßigten Tempo in der ersten Nacht quasi durch und schlief auch in den folgenden Nächten nur sehr wenig. So schaffte er es schließlich mit eineinhalb Tagen Vorsprung ins Ziel. Noch im selben Jahr wurde ihm zu Ehren der Ultralauf »Cliff Young Australian Six-Day Race« ins Leben gerufen. Sein schlurfender Laufstil, den andere Ultramarathonläufer übernahmen, wird seither »Young Shuffle« genannt.

112.

Nachdem 2020 an der Golden Gate Bridge neue Handgeländer montiert worden sind, …?

A: ist die Brücke bei Wind aus der Ferne zu hören

B: dürfen die Geländer nicht mehr berührt werden

C: muss eine Fahrspur stadtauswärts dauerhaft gesperrt bleiben

A: ist die Brücke bei Wind aus der Ferne zu hören

Die Golden Gate Bridge lebt, so scheint es! Im Jahr 2020 fanden Bauarbeiten an dem mehr als zweieinhalb Kilometer langen Wahrzeichen von San Francisco statt: Die Stabilität der Hängebrücke, genauer, ihre Windfestigkeit sollte verbessert werden, deshalb wurde ein Handgeländer mit dickeren Gitterstäben durch eines mit dünneren ersetzt. Das alte hatte dem Wind zu viel Angriffsfläche geboten. Im Windkanal war das neue Geländer vorab getestet worden, dabei war ein leises Summen aufgetreten. Nicht weiter schlimm, hatte man gedacht, doch unter Live-Bedingungen wurde dann aus dem leisen Summen ein mystisches Heulen. Gespenstisch, sirenengleich, engelshaft … Anwohner und Passanten überboten sich in Social-Media-Posts mit Kommentaren. Nicht alle fanden das Phänomen gut, viele fühlten sich gestört.

Immerhin: Die Brücke heult nicht immer, sondern nur, wenn starker Wind ab 60 Stundenkilometer aus westlicher Richtung vom Pazifik her über die Brücke und durch die Gitter weht. Aber ist das der Fall, dann ist die Golden Gate Bridge, die von Weitem bislang nur zu sehen war, jetzt auch kilometerweit zu hören.

113.
Tierforscher haben herausgefunden, dass Papageientaucher kleine Äste benutzen, um …?

A: in ihren Nestern kleine Bereiche abzugrenzen

B: sich zu kratzen und Parasiten aus ihrem Federkleid zu entfernen

C: Duelle gegen männliche Konkurrenten auszufechten

B: sich zu kratzen und Parasiten aus ihrem Federkleid zu entfernen

Werkzeuge zu benutzen ist keine exklusive Fähigkeit von uns Menschen. Auch Tiere sind dazu in der Lage. So greifen westafrikanische Schimpansen gern zu groben Holzstücken, um zwischen ihnen, wie mit Hammer und Amboss, Palmnüsse zu knacken. Andere Schimpansen stochern mit eigens angespitzten Ästen in Schlafhöhlen von Beutetieren. Und australische Delfine lösen Schwämme vom Meeresboden ab und verwenden sie als Schutz für ihre Schnauzen, wenn sie auf steinigem Boden nach Futter suchen.

Auch Vögel nutzen durchaus Werkzeug. Zwar setzen die meisten Vogelarten ihre Schnäbel sehr vielseitig ein – das gilt dann aber nicht als Werkzeuggebrauch. Die Schnäbel der Papageientaucher sind groß und dreieckig, sie eignen sich damit zwar gut zum Graben von Nisthöhlen und fürs Einsammeln von kleinen Fischen. Offensichtlich sind sie jedoch weniger praktisch, wenn es darum geht, sich zu kratzen oder gar Zecken und andere Plagegeister aus dem Federkleid zu entfernen. Ein internationales Forscherteam hat nämlich an der Küste von Wales beobachtet, wie die Vögel mit den Schnäbeln kleine Äste vom Boden aufnahmen und sich damit mehrere Sekunden lang an Brust und Rücken kratzten.

114.

Wo findet eine »Migration der Stoffe« statt?

A: verpackte Lebensmittel

B: statisch aufgeladene Wollkleidung

C: Mehrfachsteckdose mit Schalter

A: verpackte Lebensmittel

Unverpackt ist längst ein Trend. Wer Verpackungsmüll vermeidet, der hilft zuallererst der Umwelt: Ressourcen werden geschont und es gelangt zum Beispiel weniger Plastik in die Flüsse und Meere. Außerdem vermeidet man so die »Migration der Stoffe« – damit ist gemeint, dass unerwünschte Inhaltsstoffe aus Verpackungen in die Lebensmittel übergehen und damit auch in den menschlichen Körper. »Wandern« können zum Beispiel Klebstoffe, BPA (in Kunststoffen enthalten) oder Weichmacher. Migrationsfrei ist nur Glas.

Ob und wieviel die jeweiligen Substanzen wandern, das hängt von Faktoren wie Lagerungsdauer und -temperatur ab, aber auch von den Eigenschaften des jeweiligen Lebensmittels. Das Bundesinstitut für Risikobewertung hat für gesundheitlich bedenkliche Stoffe Höchstmengen und Grenzwerte festgelegt. Die Verbraucherzentralen raten darüber hinaus, keine kleinen verpackten Lebensmittelmengen zu kaufen – desto größer ist nämlich umgerechnet der Kontakt vom Inhalt zur Verpackung. Wo möglich, sollte man Lebensmittel außerdem daheim in Glas- oder Porzellanbehälter umfüllen und am besten beim Kauf gleich solche Verpackungsmaterialien bevorzugen. Oder man greift – siehe oben – zu unverpackter Ware.

115.

Darf ein Erblasser ein privatschriftliches Testament mit einer Tastatur verfassen, wenn er an seiner Schreibhand verletzt ist?

A: Nein, es darf aber mit der anderen Hand geschrieben werden.

B: Ja, entscheidend ist, dass der Erblasser selbst unterschreibt.

C: nur, wenn es per Schreibmaschine erstellt wird, nicht per PC

A: Nein, es darf aber mit der anderen Hand geschrieben werden.

Damit ein Testament gültig ist, kommt es nicht aufs Schönschreiben an. Es muss nur gesichert sein, dass der Letzte Wille auch wirklich vom Erblasser stammt. Zu diesem Zweck kann der Betreffende von einem Notar ein Schriftstück aufsetzen lassen, das er anschließend nur noch unterschreiben muss. Wer kein Geld für einen Notar ausgeben möchte, darf sein Testament auch selbst niederschreiben, wenn er dabei Zeit und Ort angibt und alles unterzeichnet. Jedoch ist ein Testament nur gültig, wenn es mit der Hand geschrieben ist. PC oder Schreibmaschine scheiden aus.

Was aber, wenn jemand – etwa wegen einer Verletzung – nicht in der Lage ist, mit seiner gewohnten Schreibhand zu schreiben? Auch dann darf er nicht zu maschineller oder elektronischer Unterstützung greifen. Wohl aber darf er ausnahmsweise die andere Hand benutzen, auch wenn sich die Schrift dadurch verändert – nur lesbar muss sie bleiben. Das hat das Oberlandesgericht Köln 2017 entschieden. In dem Fall hatte ein krebskranker Mann wegen einer Lähmung seines rechten Arms das Testament mit der Linken abgefasst. Die Echtheit des Testaments war angezweifelt worden, wurde jedoch unter anderem durch ein grafologisches Gutachten bestätigt.

116.

Die Redewendung »jemandem aufs Dach steigen« geht zurück auf ...?

A: die Angst der Bevölkerung bei der Einführung der Dampfmaschine

B: den mittelalterlichen Brauch, Übeltätern Dachziegel zu entfernen

C: die Sitte, faulen Schülern Eselskappen aufzusetzen

B: den mittelalterlichen Brauch, Übeltätern Dachziegel zu entfernen

Wird einer Person »aufs Dach gestiegen«, dann wird sie zurechtgewiesen oder ausgeschimpft. Die Redewendung geht auf das Mittelalter zurück. Damals waren die Menschen in den eigenen vier Wänden vor Verfolgung geschützt: Niemand durfte sie dort angreifen, und sogar vor dem Zugriff der Justiz waren sie sicher. Was aber tun, wenn ein Angeklagter sich im eigenen Haus versteckte und partout nicht vor Gericht erscheinen wollte? Erst wurde ihm eine Frist gesetzt. War sie verstrichen, ohne dass er aufgegeben hatte, so wurde ihm im Wortsinn aufs Dach gestiegen und man begann, die Ziegel abzudecken, bis derjenige kein Dach über dem Kopf mehr hatte. Damit galt auch der Schutz des eigenen Hauses nicht mehr, und der Verfolgte konnte abgeführt werden.

Später wandten die Leute diese Maßnahme auch in Selbstjustiz an: Wenn sie den Eindruck hatten, in einem Haushalt gehe es nicht sittlich zu, dann deckten sie das Dach der Betreffenden ab – und der Bewohner hatte zum Spott noch den Schaden dazu, weil er nun das Dach neu decken musste.

117.

Wenn ein Arbeitnehmer seine Pause überzieht und die Zeit nacharbeitet, …?

A: muss beides am selben Tag stattfinden

B: geht das nur, wenn nicht mehr als 45 Minuten überzogen wurde

C: kann ihm eine Abmahnung drohen

C: kann ihm eine Abmahnung drohen

Wer mehr als sechs und bis zu neun Stunden am Tag arbeitet, dem steht dabei eine – unbezahlte – Pause von mindestens 30 Minuten zu, so sagt es Paragraf 4 des Arbeitszeitgesetzes. Arbeitet jemand mehr als neun Stunden, dann muss er zwischendurch mindestens 45 Minuten Pause machen. Die Pausen müssen nicht am Stück genommen werden, sie können auch in kürzere Einheiten von mindestens einer Viertelstunde aufgeteilt werden.

Die Pausen sind vorgeschrieben, Arbeitgeber müssen sich daran halten. Sie dürfen die Pausen nicht kürzen. Wohl aber dürfen sie sie verlängern. Arbeitnehmer sind immer an die Pausenlänge gebunden, die ihr Arbeitgeber vorgibt. Andernfalls kann eine Abmahnung drohen. Das gilt auch für den Fall, dass ein Arbeitnehmer seine Pause verkürzt und dafür früher geht. Oder dass er sie zwar überzieht, dafür aber etwas mehr Arbeitszeit dranhängt – die Überziehung also nacharbeitet. Auch das ist nicht erlaubt. Das Arbeitszeitgesetz gilt allerdings nicht für alle gleich. Leitende Angestellte, Chefärzte, Beamte, Jugendliche und freie Mitarbeiter sind nicht daran gebunden.

118.

Ein nachhaltiges Start-up-Unternehmen nutzt seit 2019 Lebensmittelreste zur Produktion von ...?

A: Hackfleischersatz aus Kartoffelschalen

B: Bier aus alten Brotresten

C: Essigreiniger aus Rotkohlstrünken

B: Bier aus alten Brotresten

Das bisschen, was wir essen, können wir auch trinken, so lautet ein bekanntes Sprichwort. Tatsächlich sind Bier und Brot eng miteinander verwandt. Beide werden sie aus gegorenem Getreidebrei gemacht. Manchmal sind die Grenzen zwischen ihnen auch fließend: Das Bier in Mesopotamien zum Beispiel war trüb und süß, da ohne Hopfen, es enthielt kaum Alkohol und wurde warm mit dem Strohhalm aus Tonkrügen getrunken – es war also eher eine Speise als ein Getränk. Und unter den vielen Brotsorten, die es heute gibt, erfreut sich das Bierbrot großer Beliebtheit.

So lag es fast auf der Hand, als ein Start-up-Unternehmen aus Frankfurt auf eine Brautechnik aus dem Mittelalter zurückgriff, um gegen die heutige Lebensmittelverschwendung anzugehen: Aus Brotresten einer Bäckerei produziert es Bier. Beim Brauvorgang ersetzen die trockenen, zerkleinerten Brotreste ein Drittel des Malzes, das sonst benötigt wird. Laut Unternehmen steckt in jeder Flasche Bier eine Scheibe recycelten Brotes. Das Bundesministerium für Ernährung und Landwirtschaft zeichnete das Unternehmen 2019 mit dem Preis »Zu gut für die Tonne« aus. Schließlich landen in Deutschland pro Jahr schätzungsweise 1,7 Millionen Tonnen Backwaren im Müll.

119.
**Leonardo Da Vinci verdingte sich
um das Jahr 1490 als …?**

A: Hochzeitsplaner

B: Ein-Mann-Kapelle

C: persönlicher Fitnesstrainer

A: Hochzeitsplaner

Er war ein echtes Universalgenie. Leonardo da Vinci, 1452 bei Florenz geboren, war nicht nur Maler und Bildhauer, sondern auch Architekt und Ingenieur, Naturwissenschaftler und Philosoph. Ab Anfang der 1480er-Jahre stand er mit Unterbrechungen rund 20 Jahre im Dienst der Herzöge von Mailand, der Familie Sforza – und zwar nicht nur als Künstler, sondern auch als Organisator von Festivitäten und als Zeremonienmeister. In dieser Funktion richtete er mehrere Hochzeiten aus – er tat also genau das, was heutzutage die Hochzeitsplaner tun. Dabei entwarf er auch die Kostüme und Bühnenbilder von Theaterstücken, die anlässlich dieser Vermählungen aufgeführt wurden.

Im Jahr 1491 fand die Doppelhochzeit von Ludovico Sforza mit Beatrice d'Este und von Alfonso d'Este mit Anna Sforza statt. Auch hier entwarf Leonardo da Vinci die Garderobe der Gäste und die Dekoration. Die Speisetafel baute er so auf, dass alle Gäste auf derselben Tischseite saßen. Die Anordnung findet sich in seinem späteren, weltberühmten Gemälde »Das Abendmahl« wieder, das ebenfalls vom Mailänder Herzog in Auftrag gegeben wurde und zwischen 1494 und 1498 entstanden ist.

120.

Die Ehefrau des tschechischen Olympiasiegers Emil Zátopek ...?

A: gewann 1952 am gleichen Tag eine Goldmedaille wie ihr Mann

B: lief später einen Weltrekord, der schneller war als seine Bestzeit

C: ärgerte sich so über seinen Sieg, dass sie seine Medaille versteckte

A: gewann 1952 am gleichen Tag eine Goldmedaille wie ihr Mann

Sie war keine, die ihrem Mann den Rücken freihielt und dafür auf eine eigene Karriere verzichtete. Dana Zátopková war nicht nur am selben Tag geboren wie ihr Mann Emil Zátopek – sie war auch eine ebensolche Ausnahmesportlerin wie er. Das wurde besonders bei den Olympischen Spielen 1952 in Helsinki deutlich, als das Paar einen Doppelsieg feiern konnte. Am 24. Juli gewann der Ausnahmeläufer Zátopek den 5000-Meter-Lauf – und das trotz einer erst wenige Wochen zuvor auskurierten schweren Erkältung. Seine Ehefrau konnte ihm aber nur kurz zu dem Sieg gratulieren, dann war sie selbst gefordert: im Speerwerfen, ihrer sportlichen Disziplin. Hier holte sie mit einer Weite von 50,47 Metern ebenfalls den Sieg. So gewann das Ehepaar fast gleichzeitig olympisches Gold und wurde bei der Rückkehr in die Heimat entsprechend bejubelt.

Bis Mitte der 1950er-Jahre galt Emil Zátopek, genannt »die tschechische Lokomotive«, als unbesiegbar, er war das Sportidol der Nachkriegszeit. Dann stiegen in der Tschechoslowakei junge Leichtathleten auf, die nach seinem Vorbild trainierten. Emil Zátopek starb im Jahr 2000, seine Frau Dana überlebte ihn um 20 Jahre.

121.
Wenn eine Stubenfliege zum Abflug startet, …?

A: trippelt sie mit den Hinterbeinen

B: kann sie kurzzeitig nichts hören

C: springt sie zuerst in die Luft und schlägt danach mit den Flügeln

C: springt sie zuerst in die Luft und schlägt danach mit den Flügeln

Stubenfliegen machen es sich überall da gemütlich, wo wir auch sind – meist gibt es dort Nahrung für sie. Vor allem auf dem Land, wo Vieh gehalten wird, fühlt sie sich wohl. Denn den Dung oder Komposthaufen benötigt sie als Kinderstube für ihren Nachwuchs, sie legt ihre Eier darin ab. Wer die Fliege fangen oder gar mit einer Klatsche töten will, tut sich schwer: Zu ihren vielen Stärken gehören ein phänomenales Sehvermögen und eine ausgefeilte Akrobatik beim Flugstart. Dank ihrer Facettenaugen sieht die Fliege die auf sie zukommende Klatsche oder Hand nicht in einer Fließbewegung, sondern in Einzelbildern. Rund 200 Bilder in der Sekunde kann sie aufnehmen. Zum Vergleich: Wir Menschen schaffen gerade mal 18 einzelne Bilder.

Wenn die Fliege also Gefahr nahen sieht, hat sie genug Zeit zu fliehen. Sie beginnt aber zunächst nicht mit den Flügeln zu schlagen – die sind zu groß und würden auf dem Boden aufkommen. Stattdessen stößt sie sich mit dem mittleren ihrer drei Beinpaare in die Richtung ab, in die sie fliehen will, und schlägt erst danach, in der Luft, mit den Flügeln. Versuche haben ergeben, dass diese Fluchttaktik kein bloßer Reflex ist, sondern eine gezielte Reaktion.

122.

Was gibt es seit 2016 in vielen französischen Supermärkten zu kaufen?

A: Eier von Hühnern, die auf dem Supermarktdach gehalten werden

B: Milch, bei der Verbraucher die Produktionsbedingungen bestimmen

C: Brot, das in Privathaushalten gebacken wurde

B: Milch, bei der Verbraucher die Produktionsbedingungen bestimmen

»C'est qui le patron?!« – »Wer ist hier der Chef?!« So lautet der Markenname einer französischen Produktreihe, bei der die Verbraucher die Entstehungsbedingungen bestimmen, also im Prinzip Chef sind. Alles begann vor Jahren mit einer Online-Umfrage: »Wer ist bereit, mehr Geld auszugeben, damit Bauer und Vieh ein besseres Leben führen können«, wurde per Internet gefragt. Tausende Konsumenten meldeten sich. So wurde aus der Umfrage eine Verbraucherinitiative – eine Genossenschaft, in der die Käufer per Fragebogen mitbestimmen: über das Tierwohl, die Vergütung der Landwirte, die Art der Verpackung. Auswirkungen auf den Preis sind während der Umfrage direkt sichtbar, so entsteht Transparenz, und Verbraucher und Erzeuger rücken einander näher.

Zunächst wurde eine Biomilch auf den Markt gebracht, mittlerweile sind es über 30 Produkte. Die Genossenschaft wächst – aktuell sind es über 3000 Landwirte und mehr als 10 000 Verbraucher überall in Frankreich. Und die Idee ist international geworden: Der deutsche Ableger »Du bist hier der Chef!« hat mittlerweile die ersten Erzeugnisse auf den Markt gebracht.

123.

Was sollte laut Bundesinstitut für Risikobewertung beim Verzehr von Leinsamen beachtet werden?

A: höchstens zwei Esslöffel pro Tag verzehren

B: nicht mit Orangensaft zubereiten

C: bevorzugt morgens zu sich nehmen

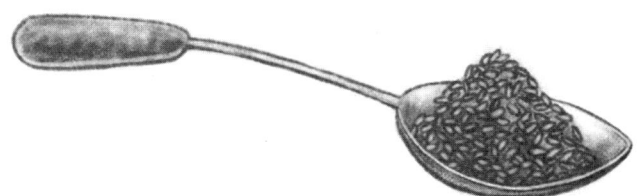

A: höchstens zwei Esslöffel pro Tag verzehren

»Viel hilft viel«, lautet ein beliebtes Sprichwort. Es stimmt jedoch oft nicht. Eher kann man sich auf ein anderes Sprichwort verlassen, das da heißt: »Die Dosis macht das Gift.« Die Urform dieses Zitats ist ein wenig länger: »Allein die Dosis macht, dass ein Ding kein Gift ist.« Sie findet sich bei Paracelsus, dem berühmten Schweizer Arzt und Naturphilosophen. Und wirklich sind viele Substanzen nützlich oder schädlich, je nachdem, wie viel wir davon zu uns nehmen – einige schädliche Gifte zum Beispiel wirken in geringer Dosis sogar heilend.

Was ist aber mit Nahrungsmitteln an sich? Gibt es da bei manchen auch ein Zuviel? Tatsächlich ist das zum Beispiel bei Leinsamen der Fall, die als Ballaststofflieferant beliebt sind: Die Samenschalen des Leins enthalten Schleimstoffe, die quellend wirken und damit die Verdauung und den Blutzuckerspiegel regulieren, was ja sehr gut ist. Leinsamen sollen mit viel Flüssigkeit aufgenommen werden. Außerdem – und hier kommt das »Aber« ins Spiel – enthalten sie geringe Mengen an Blausäure und Cadmium. Werden diese überdosiert, so können sie Magenbeschwerden auslösen. Deshalb, so das Bundesinstitut für Risikobewertung, sollten gesunde Erwachsene täglich höchstens 20 Gramm verzehren, also in etwa zwei Esslöffel.

124.

**Welche Idee hat sich New York
aus Simbabwe abgeschaut?**

A: Massagestationen, die gegen
Nackenverspannungen helfen

B: Werbetafeln, die beruhigend auf
Autofahrer wirken

C: Freundschaftsbänke, die zum Reden einladen

C: Freundschaftsbänke, die zum Reden einladen

Einfach mit jemandem reden können, das kann so hilfreich sein. Doch was, wenn gerade niemand aus dem eigenen Umfeld Zeit und ein offenes Ohr hat? Klar, hierzulande gibt es die Telefonseelsorge. Doch in mehr als siebzig Gemeinden in Simbabwe haben die Menschen eine andere Möglichkeit: Sie können hinausgehen und eine Freundschaftsbank aufsuchen, um mit einer von landesweit über 500 Großmüttern über das zu sprechen, was sie belastet: Armut, Arbeitslosigkeit, eine HIV-Erkrankung ...

Die Freundschaftsbänke sind eine Non-Profit-Initiative, gegründet von dem simbabwischen Psychiater und Professor Dixon Chibanda. Er hatte nach einer Möglichkeit gesucht, in seinem Land psychologische Hilfe in die Breite zu bringen, und das Projekt zuvor in einer Feldstudie getestet – mit Erfolg. Großmütter sind sehr angesehen in Afrika, ein Gespräch mit ihnen wirkt weniger stigmatisierend als einen Arzt aufzusuchen. Die älteren Frauen haben meist schon als Laiengesundheitshelferinnen in ihren Stadtvierteln gearbeitet und werden durch ein Training auf Grundlage der kognitiven Verhaltenstherapie auf ihre Aufgabe vorbereitet. Mittlerweile gibt es Freundschaftsbänke ebenso in mehreren anderen afrikanischen Staaten und – hier auch mit jungen Laientherapeuten besetzt – in New York.

125.

Verbraucher sollten bei Getreidedrinks genau hinschauen, denn …?

A: sie enthalten oftmals ähnlich viel Zucker wie Limonade

B: einige Sorten werden mit Milcheiweiß angereichert

C: sie enthalten nicht immer Getreide

A: sie enthalten oftmals ähnlich viel Zucker wie Limonade

Getreidedrinks sind beliebt – nicht nur bei Veganern. Auch andere Verbraucher greifen zunehmend darauf zurück, weil sie den Eindruck haben, pflanzliche Milch bekomme ihnen besser als echte Kuhmilch. Wie in vielen Ernährungsfragen gibt es zu dieser Auffassung natürlich Pro und Kontra, doch steht fest: Getreidemilch liegt derzeit im Trend. Allerdings ist sie nicht automatisch deshalb gesund, weil sie pflanzlich ist. Es kommt immer auch auf die jeweiligen Nährwerte an. Zucker beispielsweise kann da zum Problem werden.

Getreidedrinks werden unter anderem aus Hafer, Dinkel oder Reis produziert: Das Getreide wird geschrotet, mit Wasser aufgekocht und unter Zugabe von Enzymen fermentiert. Dabei wird ein Teil der Stärke, die im Getreide enthalten ist, aufgespalten und in Zucker umgewandelt. Auf der Verpackung darf korrekterweise trotzdem stehen: »Ohne Zuckerzusatz«. Denn es wurde kein Zucker hinzugefügt – auch wenn dieser entsteht, sobald die Stärke aufgespalten wird. Und deshalb ist es eben wichtig, auf die Nährwertangaben zu schauen. Wenn da bei Zucker neun Prozent stehen, dann weiß man: Diese Getreidemilch enthält ungefähr so viel Zucker wie eine Limonade.

126.

Der japanische Minister Yoshitaka Sakurada, der 2018 das Ressort Cybersicherheit übernahm, …?

A: ist ein verurteilter Hacker

B: hatte bis zu diesem Zeitpunkt noch nie einen Computer benutzt

C: veröffentlichte als erste Amtshandlung seine Kreditkarten-PIN

B: hatte bis zu diesem Zeitpunkt noch nie einen Computer benutzt

Fettnäpfchen scheinen seine Spezialität zu sein. Als frisch gewählter Minister für die Ausrichtung der Olympischen und der Paralympischen Spiele 2020 in Japan sagte der 68-jährige Yoshitaka Sakurada im November 2018: »Ich weiß nicht, warum ich dafür ausgesucht worden bin, aber ich werde hart arbeiten, um meiner Aufgabe gerecht zu werden.« Als der Politiker dann auch für geplante Änderungen der Cybersicherheitsgesetze im Vorfeld der Spiele zuständig wurde, stellte sich bald heraus: Er hatte in seinem Leben noch nie einen Computer benutzt. Das sei aber kein Problem, sagte er auf Nachfrage eines oppositionellen Abgeordneten. Schließlich würden diese Gesetzesänderungen von vielen Menschen in seinem Büro und der Regierung entschieden. Verwirrt zeigte sich der Minister auch auf die Frage, ob in japanischen Atomkraftwerken USB-Sticks verwendet würden.

Sakurada blieb nur ein halbes Jahr lang Regierungsmitglied. Dann musste er seinen Rücktritt einreichen – wieder wegen eines Skandals: Er hatte gesagt, dass die Wiederwahlkampagne eines Parteikollegen von ihm wichtiger sei als die Wiederaufbau-Bemühungen nach dem Tsunami von 2011.

127.

Perlmutt macht Muschelschalen besonders stabil, weil ...?

A: sich Salzpartikel an der Oberfläche schichtweise ablagern

B: organisches Material Wasser abgibt und dichter wird

C: sich Kalkplättchen bei Druck verhaken und danach lösen

C: sich Kalkplättchen bei Druck verhaken und danach lösen

Perlmutt begeistert durch sein helles Glänzen. Muscheln und Schnecken dient er als Schale. Und auch wenn er so zart und empfindlich wirkt und zu 95 Prozent aus sehr brüchigem Kalziumkarbonat besteht, so gehört er doch zu den stabilsten natürlichen Materialien auf der Welt. Das kann jeder bestätigen, der mal versehentlich am Strand auf eine ungünstig liegende Muschel getreten ist. Doch woher rührt diese Stabilität?

Forscher der University of Michigan haben im Jahr 2019 unter dem Elektronenmikroskop versuchsweise Druck auf Muschelschalen ausgeübt und dabei beobachtet: Die Schalen verformten sich zwar nicht als Ganzes, aber ihre Struktur veränderte sich. Der Kalk besteht nämlich aus Schichten winziger Plättchen, und zwischen diesen Schichten ist organisches Material wie etwa Eiweiß als Polster eingelagert. Unter mechanischer Belastung wird das Polster beiseitegedrückt, die Plättchen verhaken sich und bilden auf diese Weise ein stabiles Gerüst. Wenn die Last schwindet, springt die ganze Struktur wieder in ihren ursprünglichen Zustand zurück. Perlmutt ist somit nicht nur besonders stabil, sondern auch elastisch – und gerade deshalb so unkaputtbar. Den Effekt versucht man nun für die Herstellung widerstandsfähiger Materialien zu kopieren.

128.

»Wasserstress« tritt auf, wenn …?

A: Hautcremes mit geringem Fettgehalt zum Einsatz kommen

B: die Filtersysteme in Schwimmbädern zu langsam arbeiten

C: ein Land mehr als 20 Prozent seiner Wasserressourcen nutzt

C: ein Land mehr als 20 Prozent seiner Wasserressourcen nutzt

»Wasserstress« ist ein internationaler Messwert. Er bezeichnet den kritischen Zustand, der eintritt, wenn ein Land mehr als 20 Prozent seiner verfügbaren Süßwasserressourcen nutzt. Bei der Berechnung dieser Ressourcen fließen ein: die Wasserbilanz, die sich aus der Differenz zwischen Niederschlag und Verdunstung ergibt, sowie die Zu- und Abflüsse an den Grenzen zu den Nachbarländern.

In Deutschland herrscht, durchschnittlich gesehen, kein Wasserstress. Im Jahr 2016 wurden laut Umweltbundesamt 12,8 Prozent des verfügbaren Wassers genutzt. Allerdings gibt es regionale und saisonale Unterschiede, und die Bewässerung landwirtschaftlicher Flächen in heißen Sommern wird zunehmend schwierig, weshalb über die Wiederverwendung von aufbereitetem Abwasser für die Landwirtschaft nachgedacht wird. Wichtig außerdem: Manche importierte Güter, etwa Waren aus Baumwolle, haben einen hohen »Wasserfußabdruck« – das heißt, für ihre Herstellung wird viel Wasser benötigt. Ihr Konsum trägt also zum Wasserstress in den Ländern bei, in denen sie hergestellt werden.

129.
Der mexikanische Häher …?

A: sortiert täglich die Eier in seinem Nest

B: integriert einen »Pool« in seine Baumhöhle

C: schüttelt Erdnüsse, um abzuschätzen,
ob sich das Knacken lohnt

C: schüttelt Erdnüsse, um abzuschätzen, ob sich das Knacken lohnt

Raben und Krähen aus der Familie der Corviden (lat. Corvidae) sind besonders einfallsreich, wenn es ums Futter geht. Einige von ihnen bauen sogar Werkzeuge aus Rinde, um möglichst stressfrei und effektiv an Larven zu gelangen. Auch der blau schillernde Mexikanische Häher gehört zu dieser Vogelart und lebt vor allem im Norden Mexikos und den südlichen US-Bundesstaaten. Er hat eine raffinierte Technik entwickelt, um die perfekte Nuss zu finden. Schließlich soll sich die harte Arbeit des Knackens auch lohnen, nicht dass man nach der ganzen Mühe einen winzigen Kern vorfindet oder ganz leer ausgeht.

Das kann dem Häher kaum passieren, denn Ornithologen konnten bei einer Reihe von Experimenten beobachten, dass der Vogel die Erdnüsse mit seinem Schnabel kurz schüttelt, um das Gewicht zu prüfen. Nur die Nuss wird geöffnet, die die beste Ausbeute verspricht. Optik spielt dabei keine Rolle. Da kann die Erdnuss noch so groß sein, wenn sie zu leicht ist, wird sie nicht angerührt.

Während sich der Mexikanische Häher mit seiner effizienten Prüfstrategie auf das Innenleben der Hülsenfrüchte konzentriert, haben andere Vögel Techniken entwickelt, die ihnen beim Knacken der harten Schale helfen. Die Rabenkrähe zum Beispiel sucht sich einen Stein als Werkzeug oder lässt die Nuss aus großer Höhe so lange auf einen Felsen fallen, bis die Schale zerbricht. Manche Vögel platzieren Nüsse auf der Straße und warten, bis ein Auto den anstrengenden Job übernimmt.

130.

Welche Entdeckung machte die Marssonde InSight?

A: Auf dem Mars gibt es mehr Beben als auf dem Mond.

B: Der Mars drehte sich vor etwa 65 000 Jahren noch linksläufig.

C: Unter der roten Oberfläche befindet sich ein grünliches Gestein.

A: Auf dem Mars gibt es mehr Beben als auf dem Mond.

Am 26. November 2018 landete die Marssonde InSight auf dem Roten Planeten. Später setzte sie mit einem Roboterarm das Bebenmessgerät SEIS auf dem Boden des Mars ab. Drei Monate nach der Landung nahm dieser Seismograf seine Arbeit auf, sieben Monate später hatte er 174 wahrscheinliche Marsbeben gemessen. Das heißt: Auf dem Mars findet durchschnittlich etwas mehr als jede zweite Nacht ein Beben statt. Wegen der tagsüber auffrischenden Marswinde ließen sich am Tag stattfindende Marsbeben kaum registrieren. Damit liegt der Mars in Sachen Bebenhäufigkeit hinter der Erde, aber vor dem Mond. Für den sind zwischen 1969 und 1977 knapp 3000 Beben nachgewiesen, dazu allerdings jede Menge seismischer Ereignisse, die sich bislang nicht klären ließen.

Keines der Marsbeben erreichte eine Magnitude von mehr als 4. Die meisten waren so schwach, dass sie ohne das Messgerät gar nicht wahrnehmbar wären. Allein von den schwachen Beben gibt es jedoch auf der Erde rund 1000 im Jahr. Wissenschaftlicher Hintergrund der Messung: Wenn Beben stark genug sind, dann lassen sich aus den Druck- und Scherwellen, die sie durch einen Himmelskörper schicken, Informationen über dessen Aufbau erschließen. Das traf jedoch nur auf 24 der in jenem Zeitraum von SEIS gemessenen Marsbeben zu.

131.

Für den perfekten Kaffeegenuss empfehlen Barista, vor dem Aufgießen von Filterkaffee …?

A: das Wasser zweimal zu kochen

B: das Kaffeepulver etwa eine halbe bis volle Stunde atmen zu lassen

C: den Papierfilter mit kochendem Wasser auszuspülen

C: den Papierfilter mit kochendem Wasser auszuspülen

Kaffeetrinken kann eine schöne Zeremonie sein. Doch auch die Zubereitung des beliebten Wachmachers lässt sich zelebrieren. Über die besten Methoden dafür streiten die Kenner. Die einen schwören etwa auf Vollautomaten, die anderen auf den guten alten Filterkaffee. Der ist tatsächlich wieder voll im Trend. Und auch hier ist mehr möglich als nur »Filter auf, Pulver rein, Wasser aufgießen, durchlaufen lassen, fertig«.

So empfehlen Barista zum Beispiel, den leeren Papierfilter vor dem Aufgießen mit kochendem Wasser durchzuspülen. Auf die Weise werden lose Fasern, die an der Filtertüte haften, ausgeschwemmt. Damit stellt man sicher, dass sich kein schnöder Papiergeschmack unter die köstlichen Kaffeearomen stiehlt und den Genuss im Abgang noch verdirbt. Außerdem wird auf diese Weise der Kaffeefilterhalter schon mal vorgewärmt. Gerade bei Filterhaltern aus Keramik, die so schön retro aussehen, ist das ein echter Vorteil, da dann beim Aufgießen der Temperaturunterschied zwischen Filter und Wasser nicht mehr so groß ist. Auch kühlt anschließend der aufgegossene Kaffee weniger schnell ab.

132.

Weil er einen Wienbesuch frühzeitig abbrechen musste, …?

A: konnte Beethoven nie bei Mozart Klavierunterricht nehmen

B: sang Herbert Grönemeyer das für Falco gedachte »Männer« selbst

C: veröffentlichte Thomas Mann den »Zauberberg« erst 20 Jahre später

A: konnte Beethoven nie bei Mozart Klavierunterricht nehmen

Ludwig van Beethoven, 1770 geboren, und somit 14 Jahre jünger als Wolfgang Amadeus Mozart, wurde schon früh als großes Talent erkannt. Im Alter von sieben Jahren trat er erstmals öffentlich als Pianist auf. Mit 12 erhielt er Unterricht beim Hoforganisten Christian Gottlob Neefe. Der soll über das junge Talent gesagt haben: er werde »gewiß ein zweyter Wolfgang Amadeus Mozart werden, wenn er so fortschritte, wie er angefangen«. Der Kölner Kurfürst und Münsteraner Erzbischof Max Franz, ein ausgewiesener Mozart-Fan, genehmigte dem 16-jährigen Ludwig eine sechsmonatige Beurlaubung von der Hofkapelle, bei der er inzwischen unter anderem als Organist angestellt war.

Ende 1786 verließ Beethoven Bonn und kam einen Monat später in Wien an, wohl auch, um Unterricht bei Mozart zu nehmen. Was dort geschah, ist bis heute umstritten. Die einen sagen, Beethoven und Mozart hätten sich nie getroffen. Andere behaupten, Beethoven sei seinem Idol begegnet, das danach gesagt haben soll: »Auf den gebt acht – der wird einmal in der Welt von sich reden machen.«

Wie auch immer: Zum Unterricht kam es nie, weil Beethovens Mutter schwer erkrankt war und ihr Sohn noch im Frühjahr 1787 zurück nach Bonn reiste. Als er sich fünf Jahre später erneut und diesmal für immer nach Wien begab, war Mozart bereits seit einem Jahr tot. Beethovens Bewunderung für dessen Musik jedoch blieb für den Rest seines Lebens ungebrochen. Er selbst starb 1827.

133.

**Warum raten Köche davon ab,
Öl ins Nudelwasser zu geben?**

A: Es macht die Nudeln weniger aufnahmefähig
für die Soße.

B: Die Nudeln werden später und ungleichmäßig
gar.

C: Es können unerwünschte Bitterstoffe ins
Kochwasser gelangen.

A: Es macht die Nudeln weniger aufnahmefähig für die Soße.

Und jetzt noch etwas Öl ins Nudelwasser … Wer auf diese Weise lässig seine Pastakompetenz unter Beweis stellen will, sollte sich noch mal informieren. Nach landläufiger Meinung hilft ein Schuss Öl, damit die Nudeln nicht im Kochtopf aneinanderkleben. Das Öl hat jedoch einen Nachteil: Es legt sich auf die Oberfläche der Nudel und macht sie damit nach dem Kochen weniger aufnahmefähig für die Soße. So erklärt es das Bundeszentrum für Ernährung (DZfE). Gerade die sämige Mischung von Pasta und Soße ist es ja aber, die diesem Gericht seinen unverwechselbaren Charakter gibt.

Um das lästige Aneinanderkleben zu verhindern, gibt es andere Möglichkeiten. Erst einmal gilt es, die richtige Menge Wasser zu verwenden. Als Faustregel gilt: Ein Liter Wasser auf 100 Gramm Nudeln. Und dann ist es gut, regelmäßig mit einem Holzlöffel oder einer Kochgabel umzurühren, um auf diese Weise die Stärke zwischen den Nudeln zu lösen. Wegen der gelösten Stärke im Kochwasser empfiehlt es sich auch, nach dem Kochen einen Schuss Kochwasser in die Soße zu geben – das fördert deren Sämigkeit. Und noch ein Tipp: Weil Salz die Siedetemperatur des Wassers erhöht, kommt es erst kurz vor oder nach den Nudeln ins kochende Wasser.

134.

Die 1891 in den USA gebaute Lokomotive »Sierra No. 3« ...?

A: hatte über einhundert Auftritte in Filmen und Serien

B: überquerte zum Start in das 21. Jahrhundert die Brooklyn Bridge

C: fuhr nur eine Strecke von einer Meile, bevor sie explodierte

A: hatte über einhundert Auftritte in Filmen und Serien

Sie ist die Filmstar-Lokomotive! Mit mehr als einhundert Auftritten in Filmen und Serien hat es die Dampflokomotive »Sierra No. 3« zu internationalem Ruhm gebracht. Gebaut wurde sie im Jahr 1891 – am 26. März wurde die letzte Schraube festgedreht, danach war die Dampflok in Kalifornien im Einsatz. Nach dem Bankrott ihres Eigentümers wechselte sie den Besitzer. Jetzt bekam sie auch ihren Namen: »Sierra No. 3«. Ursprünglich lief die Lok mit Kohle, ab Anfang des 20. Jahrhunderts dann mit Öl.

1919 war sie erstmals auf der Leinwand zu sehen: im Stummfilm »The Red Glove«. Zwei Jahre später winkte Hollywood-Ruhm in »The Terror«. Dennoch fuhr die Lok brav weiter ihre alltäglichen Strecken und ging erst 1932 in den Ruhestand. 15 Jahre lang stand sie auf einem Abstellgleis in Jamestown, Kalifornien. 1946 dann hatte der Filmproduzent David O. Selznick die Idee, sie in einer Filmszene für »Duell in der Sonne« zu Schrott zu machen. Doch dazu kam es nicht. Im Gegenteil – nun ging ihre Filmkarriere erst richtig los, mit Höhepunkten wie »High Noon« (1952), »Die Stadt der toten Seelen« (1955), »Nickelodeon« (1976) und »Unforgiven« (1992). In »Zurück in die Zukunft III« (1990) hatte sie ihren wohl bekanntesten Auftritt.

135.

**Was erfand der Jesuit Athanasius Kircher
Mitte des 17. Jahrhunderts?**

A: Rechenmaschine für die Kirchensteuer

B: Komponiergerät für Kirchenmusik

C: Automaten für Bibelabschriften

B: Komponiergerät für Kirchenmusik

Was in unserem Zeitalter der Spezialisierung unvorstellbar scheint, praktizierte der Jesuit Athanasius Kircher im 17. Jahrhundert in Perfektion und erlangte Weltberühmtheit. Der »Doktor von hundert Wissenschaften« (lat. Doctor Centum Artium), wie ihn Johannes Kepler genannt haben soll, beschäftigte sich mit den unterschiedlichsten Wissensgebieten: Ägyptologie, Geologie, Magnetismus, Optik, Alchemie, Orientalistik, Medizin, Musik – um nur einige zu nennen. Er stammte aus dem heutigen Thüringen und arbeitete schließlich als Professor am Collegium Romanum, der berühmten jesuitischen Hochschule in Rom.

Sein großes Interesse galt der Musik, und so stellte er 1650 seine Arca musarithmica vor, ein mechanisches Komponiergerät für Kirchenmusik, das auch Nicht-Musikern eine vierstimmige Vertonung von Psalmen ermöglichen sollte. Dazu ordnete er in einem Holzkasten Holzstäbe an, auf denen unterschiedlichen Ziffernkombinationen bestimmte Notenfolgen zugeteilt waren. Sie konnten nach Silbenanzahl der zu vertonenden Texte miteinander kombiniert werden.

Mit der »Musurgia Universalis« verfasste Kircher ein umfassendes Werk über das musikalische Wissen seiner Zeit, entwickelte eine Urform des Projektionsgerätes (»Laterna magica«), machte kartografische Aufzeichnungen der wichtigsten Meeresströmungen und zeichnete die ersten Mondkarten. Mit Hilfe des Mikroskops nahm er Blutuntersuchungen vor und ging den Ursachen der Pest nach – ein überaus kreatives Allround-Genie!

136.

Womit will ein Forscherteam der TU München CO_2-Emissionen in der Luftfahrt zukünftig um bis zu 40 Prozent senken?

A: Turbinen nach dem Vorbild von Libellenflügeln

B: Treibstoff aus fettreichen Algen

C: leichtere Flugzeuge aus reiner Glasfaser

B: Treibstoff aus fettreichen Algen

Algen leben im Wasser – was haben sie mit der Luftfahrt zu tun? Sehr viel! Ein Forscherteam der Technischen Universität (TU) München arbeitet an einem Projekt namens »AlgenFlugKraft«. Ziel ist es, einen Biotreibstoff zu entwickeln, der umweltfreundlicher ist als das klimaschädliche Kerosin. Dafür spricht viel: Algen gehören zu den fettreichsten Organismen überhaupt. Sie wachsen zehnmal schneller als Pflanzen an Land, etwa Mais. Ihr Anbau verbraucht keinen wertvollen Boden, und man kann Algen zwar essen, aber ihre Produktion konkurriert trotzdem nicht mit der Herstellung von Nahrungsmitteln.

Im 1500 Quadratmeter großen »Algentechnikum« wird deshalb an der TU München zu Algen als künftigem Rohstoff für Biokerosin geforscht. Unter knapp 200 000 LED-Lampen leuchten hier die Mikroalgen grün in mehreren Pflanzenbecken. Die Forscher simulieren in diesem Labor die verschiedensten Klimasituationen, um herauszufinden, unter welchen Bedingungen die Algen am besten gedeihen. Denn um Algenkerosin ökologisch sinnvoll einsetzen zu können, müsste es an vielen verschiedenen Standorten auf der Welt produziert werden. Die ersten Kraftwerke, so hofft man, könnten 2030 ihre Arbeit aufnehmen.

137.

Je später im Jahr eine Kartoffelsorte geerntet wird, desto …?

A: geringer ist ihr Stärkeanteil

B: kugelförmiger ist die Knolle

C: länger kann sie gelagert werden

C: länger kann sie gelagert werden

Die Kunst, Lebensmittel haltbar und lagerfähig zu machen, war einst überlebenswichtig. Ein guter Vorratskeller war die beste Versicherung gegen Hunger im Winter. Heutzutage, wo es jederzeit fast alles zu kaufen gibt, gerät dieses Wissen etwas in Vergessenheit. Doch das Selbstversorgen kommt immer mehr in Mode und damit wächst auch wieder das Interesse an den alten Techniken. Wie zum Beispiel bekommt man lange haltbare Kartoffeln? Die Antwort: Man sollte späte Sorten ernten.

In Deutschland werden Kartoffeln je nach Sorte zwischen Juni und Oktober geerntet. Frühkartoffeln schmecken hervorragend, sie zeichnen sich durch eine besonders zarte Schale aus. Sie enthalten aber viel Wasser und wenig Stärke und können daher höchstens zwei Wochen gelagert werden. Mittelfrühe Kartoffeln sind ab Mitte August reif und lassen sich bis zu drei Monate lagern. Einen Monat später sind die Spätkartoffeln so weit. Sie haben die dickste Schale und den höchsten Stärkegehalt und sind dadurch am längsten haltbar – bis zum nächsten Frühjahr. Damit ihre Schale richtig ausreifen kann, sollten sie möglichst lange in der Erde bleiben, allerdings vor dem ersten Frost geerntet werden.

138.

Was macht die aus Asien stammende Sportart Sepak Takraw spektakulär?

A: Spieler erzielen Punkte mit Scherenschlägen und Rückwärtssalti.

B: Der Ball muss zur Punkterzielung über 170 km/h schnell sein.

C: Das Netz zwischen den Spielfeldern steht unter Strom.

A: Spieler erzielen Punkte mit Scherenschlägen und Rückwärtssalti.

Die asiatische Ballsportart Sepak Takraw entstand um das Jahr 1500 n. Chr., sie hat ihren Ursprung in Thailand und Malaysia und ist heute in Südostasien weit verbreitet. Sepak ist Malaiisch für »schießen«, und Takraw bezeichnet in Thai einen geflochtenen Ball. Anfangs spielte man sich einen aus Rattan geflochtenen Ball im Kreis zu – bei Tempelfesten, aber auch einfach so zum Zeitvertreib. Dabei wetteiferten die Spieler darin, den Ball möglichst kreativ weiterzuleiten. Als Malaysia dann englische Kolonie war, kam beeinflusst durchs Badminton die bis heute übliche Spielweise auf, bei der sich zwei Mannschaften durch ein Netz getrennt gegenüberstehen.

Heutzutage müssen je drei Spieler den Ball mit maximal drei Ballberührungen ins gegnerische Feld bringen. Gespielt wird meist nicht mehr mit Rattanbällen, sondern mit solchen aus Hartplastik. Und beim Weiterleiten der Bälle kommt es zu regelrecht artistischen Leistungen: zu spektakulären Scherenschlägen, Rückwärtssalti und gedrehten Fallrückziehern, denn es darf mit allen Körperteilen gespielt werden, außer mit den Händen. Der Ball kann dabei 120 Stundenkilometer schnell werden. Mittlerweile werden auch in Europa Turniere abgehalten, in Deutschland gibt es einige Sepak Takraw-Vereine.

139.
Wenn Truthahngeier über einer Landfläche kreisen, …?

A: könnte dies ein Hinweis auf eine Quarzsandreserve sein

B: befindet sich darunter möglicherweise ein Gasleitungsleck

C: wachsen dort wahrscheinlich reife Hanfpflanzen

B: befindet sich darunter möglicherweise ein Gasleitungsleck

Der in Süd-, Mittel- und Nordamerika beheimatete Truthahngeier ist nicht gerade mit dem besten Sehvermögen ausgestattet. Darum verlässt sich der bis zu 76 Zentimeter große Vogel lieber auf seinen Geruchssinn, wenn er auf Beutesuche geht. Findet er eine interessante Stelle, kreist er mit einer Flügelspannweite von bis zu 2 Metern zunächst in der Luft, um die Lage am Boden genau bestimmen zu können. Dabei hilft ihm sein feines Näschen, denn der Aasfresser ist durchaus wählerisch. Ältere Kadaver lässt er links liegen, um die Aufnahme von Leichengiften zu vermeiden.

In den USA gab es Fälle, wo Truthahngeier über einer Landfläche kreisten, an der nichts Auffälliges festzustellen war. Als man der Sache auf den Grund ging, wurde unter der Erde ein defektes Rohr entdeckt, aus dem Gas strömte. Die Geier hatten also die dem Gas beigemischte Schwefelverbindung in der Luft wahrgenommen und nach vermeintlicher Beute Ausschau gehalten. Auch die Polizei hat den »Spürvogel« inzwischen für ihre Zwecke entdeckt. Im Landeskriminalamt Niedersachsen kommen speziell abgerichtete Truthahngeier zum Einsatz, die menschlichen Leichengeruch aufspüren können. Die gefiederten Detektive leisten dadurch großartige Aufklärungsarbeit, wenn das Schicksal von Vermissten geklärt werden soll.

140.

Um künftig Urheberrechtsverletzungen zu verhindern, haben zwei US-Amerikaner …?

A: Tausende historische Fotos nachgestellt

B: alle mathematisch möglichen Melodien aus acht Noten komponiert

C: 100 000 Firmenlogos zur freien Verfügung entworfen

B: alle mathematisch möglichen Melodien aus acht Noten komponiert

Plagiate, also ungenehmigte Zitate und Übernahmen von Passagen eines Werkes, gibt es nicht nur bei Texten, sondern ebenso in der Musik – und auch dort sind sie verboten. Denn auch Musik ist das geistige Eigentum ihres Schöpfers bis 70 Jahre über seinen Tod hinaus. Dieser Urheberrechtsschutz ist eine gute Sache. Doch es kann immer wieder passieren, dass ein Künstler unwissentlich eine Tonfolge verwendet, die jemand anderer bereits vor ihm komponiert hat, und dann viel Ärger mit klagenden Labels bekommt. »Beatle« George Harrison musste sich deshalb einmal fast 30 Jahre lang vor Gericht herumschlagen und verlor schließlich.

Ein Anwalt und Musiker hat nun mit einem Programmierer einen Algorithmus erarbeitet, der jede mathematisch mögliche Melodie erschaffen hat, die aus acht Tönen und zwölf Schlägen besteht. Herausgekommen sind mehr als 68 Milliarden Tonabfolgen. Der Anwalt hat die Melodien zuerst schützen lassen und dann im Internet unter dem Namen »All the music« zur allgemeinen Nutzung freigegeben: Jetzt müsse niemand mehr befürchten, wegen einer Komposition rechtlichen Ärger zu bekommen, denn alle möglichen Melodien existierten nun bereits und seien frei verfügbar. Das Projekt soll noch weitergehen, mit größeren Tonabfolgen und neuen Rhythmen.

141.

**Auf welchen simplen Trick greifen Segler
zurück, um die Seekrankheit zu vermeiden?**

A: Stöpsel in ein Ohr stecken

B: die Nase zuhalten

C: auf ein Bein stellen

A: Stöpsel in ein Ohr stecken

Ob erfahrener Seebär oder Neuling beim ersten Törn – keiner ist vor der Seekrankheit sicher. Es gibt sie schon seit Beginn der ersten Schiffsreisen, und selbst Cicero und Cäsar sollen mit ihr gerungen haben. Dabei macht es keinen Unterschied, ob Sie sich auf einem riesigen Kreuzfahrtschiff oder einer kleinen Segelyacht befinden. Schwankt das Schiff, reagieren viele Passagiere mit typischen Symptomen wie Müdigkeit, Schwindel, niedrigem Blutdruck bis hin zu Übelkeit und Erbrechen.

Wissenschaftliche Forschungen haben ergeben, dass die Seekrankheit im Gehirn entsteht, und zwar aufgrund unterschiedlicher Sinneseindrücke, die zu einem Verarbeitungskonflikt führen. Zum einen erhält das Gehirn über die Körper-Muskulatur und das Gleichgewichtsorgan im Innenohr das Signal »Bewegung«, zum anderen entsteht durch die Planken des Schiffes und vor allem unter Deck der visuelle Eindruck eines unbewegten Raumes. Somit ist das Gehirn irritiert und schüttet zu viel des Botenstoffes Histamin aus, der zu den unangenehmen Beschwerden führt. Aber auch ein Gehirn kann überlistet werden, wenn man es richtig anstellt. Segler greifen hier auf einen simplen Trick zurück und stecken einen Stöpsel in ein Ohr. So wird dem Gehirn signalisiert, dass es im Ohr, also mit dem Gleichgewichtssinn, generell ein Problem gibt. Dadurch werden die widersprüchlichen Informationen erst einmal außer Acht gelassen.

142.

**Bei der ursprünglichen »Nagelprobe«
durfte nicht mehr als …?**

A: ein winziger Fingernagelkratzer auf einem
Groschen sichtbar sein

B: eine Zeigefingernagelbreite in einem Schuh
Platz haben

C: ein Tropfen Bier auf dem Daumennagel
zurückbleiben

C: ein Tropfen Bier auf dem Daumennagel zurückbleiben

Mit Zimmermannsnägeln hat die Nagelprobe ursprünglich nichts zu tun. Wohl aber mit dem Fingernagel. Es handelt sich dabei nämlich um ein Jahrhunderte altes Trinkritual: Mit der Nagelprobe musste jemand einst beweisen, dass ein Trinkgefäß auch wirklich leer war. Als leer galt es, wenn es nach dem letzten Schluck über dem Daumen ausgeleert wurde und die heraustropfende Restmenge dann nur so groß war, dass sie auf dem Daumennagel Platz fand. War noch mehr im Gefäß gewesen, so hatte man den Gastgeber oder aber denjenigen, auf dessen Wohl angestoßen wurde, beleidigt.

»So hatten es auch die Alten im Brauch« – mit diesen Worten ist die Nagelprobe in der Hoftrinkordnung des Kurfürsten Christian II. von Sachsen aus dem Jahr 1606 erwähnt. Doch auch aus dem 12. Jahrhundert und sogar noch früher, nämlich für die Zeit der Wikinger, ist sie bezeugt. Heute wird sie zum Beispiel noch in Studentenverbindungen beim Bier-Wetttrinken ausgeübt. Und der Begriff »Nagelprobe« ist dann auch in andere Bereiche gewandert: etwa in die Medizin, wo man mit dem Druck auf den Daumennagel eines Patienten Aufschluss über dessen Blutdruck gewinnen kann.

143.
**Was lässt sich aus Bananenschalen,
Eisennägeln und Essig herstellen?**

A: Tinte

B: Nagellack

C: Rostentferner

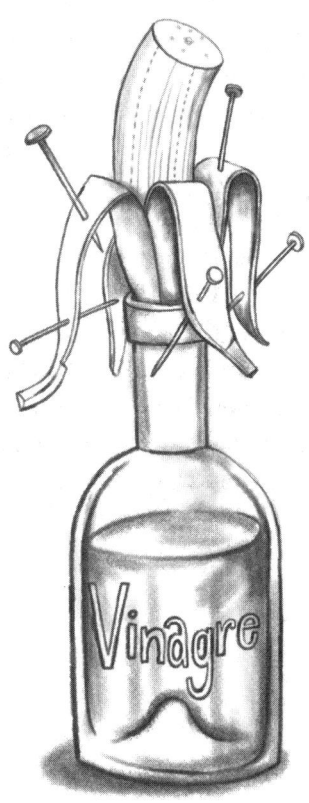

A: Tinte

Bananenschalen sind wahre Alleskönner und sollten nicht einfach im Biomüll entsorgt werden. Kleingeschnitten und den Pflanzen untergemischt, können sie als Dünger eingesetzt werden und sogar Blattläuse vertreiben. In der Kosmetik vermindern sie die Entstehung von Fältchen, und theoretisch sind die Schalen wegen ihrer wertvollen Inhaltsstoffe sogar zum Verzehr geeignet, auch wenn man sich das kaum vorstellen kann ...

In Kombination mit Eisennägeln und Essig lässt sich obendrein auch noch Tinte herstellen. Und das geht so: Zunächst wird die Bananenschale klein geschnitten und so lange in Wasser gekocht, bis sie weich wird. Dann presst man sie durch ein Sieb und fügt der Flüssigkeit einige Eisennägel und etwas Essig hinzu. Alles zusammen wird so lange gekocht, bis sich der Sud auf die Hälfte reduziert hat. Die Essigsäure löst Eisenionen aus den Nägeln und reagiert mit den Gerbstoffen der Bananenschale – das Ergebnis: schwarze Tinte. Danach werden die Nägel herausgenommen und die Flüssigkeit durch ein feines Sieb gegeben, damit der Füller nicht verstopft. Vor der Benutzung sollte man die Tinte sicherheitshalber noch einige Tage stehen lassen, damit sich ungelöste Stoffe am Boden absetzen können. Dann steht dem selbst fabrizierten Schreibspaß nichts mehr im Wege.

144.

Warum verlor die US-Präsidentenmaschine während eines Fluges am 9. 8. 1974 plötzlich ihr Rufzeichen »Air Force One«?

A: Sie kreuzte »Air Force Two«, und es kam zur Verwechslung.

B: Während Nixon in der Luft war, wurde sein Nachfolger vereidigt.

C: Ford erlaubte sich einen Scherz mit einer russischen Delegation.

B: Während Nixon in der Luft war, wurde sein Nachfolger vereidigt.

Er stolperte über die Watergate-Affäre: Richard Nixon, 37. US-Präsident ab 1969, musste im August 1974 zurücktreten, ein halbes Jahr nach Beginn seiner zweiten Amtszeit. Er war nach Amtsmissbrauch und anschließender Vertuschung untragbar geworden. Am 9. August verließ er mit seiner Ehefrau Pat das Weiße Haus und flog mit der »Air Force One« in seine Heimat Kalifornien.

Das Rufzeichen »Air Force One« darf ein militärisches Flugzeug jedoch nur dann tragen, wenn es den US-Präsidenten an Bord hat. Während Nixon nun in der Luft war, legte sein Nachfolger, der bisherige Vizepräsident Gerald Ford, seinen Amtseid ab und war somit 38. Präsident der Vereinigten Staaten. In dem Moment verlor also Nixons Flugzeug das Rufzeichen »Air Force One«. Der Flieger mit dem Ex-Präsidenten an Bord landete in Kalifornien als »SAM 27000« (SAM bedeutet »Special Air Mission«). Gerald Ford regierte bis 1977. Danach war es der Demokrat Jimmy Carter, der in der »Air Force One« Platz nehmen durfte.

145.
**Womit kann verhindert werden,
dass beim Gießen einer Topfpflanze
unnötig Erde ausgeschwemmt wird?**

A: kaputter Regenschirm

B: Glas-Strohhalm

C: ausgediente
Nylonstrumpfhose

C: ausgediente Nylonstrumpfhose

Für die Gesundheit von Pflanzen ist Staunässe grundsätzlich nicht ideal, da durch sie die Wurzeln abfaulen und absterben können. Darum verwendet man meist Pflanzgefäße, die am Topfboden mit einem oder mehreren Löchern versehen sind. So läuft das Wasser nach dem Gießen zwar prima ab, aber dummerweise wird dann oft Blumenerde gleich mit hinausgeschwemmt. Um das zu vermeiden, schneiden Sie ein großzügiges Stück aus einer ausgedienten Nylonstrumpfhose aus und bedecken damit die Löcher am Boden des Pflanzgefäßes. Dann einfach Erde und Pflanze wieder in den Topf setzen – fertig!

Durch die feinen Maschen kann nun das Wasser ungehindert abfließen, aber die Erde bleibt im Topf. Das funktioniert übrigens nicht nur bei Zimmerpflanzen. Auch im Außenbereich können Sie die Methode anwenden, sogar bei größeren Gefäßen. Nur auf eines sollten Sie unbedingt achten: Kaufen Sie keine Nylons, die Weichmacher wie zum Beispiel BPA (Bisphenol A) enthalten. Diese Schadstoffe können sich aus dem Material lösen und sogar über die Haut aufgenommen werden und zu schweren Krankheiten führen. Deswegen haben solche Materialien auch nichts in Blumentöpfen verloren, in denen Sie Pflanzen – zum Beispiel Kräuter – anbauen, die Sie später verzehren wollen.

146.

Welche nach Frank J. Zamboni benannte Erfindung ging in die Sportgeschichte ein?

A: Eisbearbeitungsmaschine

B: Tennisballwurfmaschine

C: Schaltknüppel für Rennwagen

A: Eisbearbeitungsmaschine

Frank J. Zambonis Erfindung ist in vielen Ländern zum Eigennamen geworden, so wie ein bekanntes Papiertaschentuch einer ganzen Produktgattung den Namen gab. Aber was genau ist ein Zamboni? Zugegeben, der Gegenstand wird nicht ganz so häufig gebraucht wie besagtes Papiertaschentuch, und er ist auch etwas unhandlicher. Aber trotzdem ist er unverzichtbar, nämlich für Schlittschuhläufer und Eishockeyspieler! Ein Zamboni ist eine Eisbearbeitungsmaschine – jenes Gerät, mit dem auf Schlittschuhbahnen und in Eishockeystadien die Eisfläche wieder geglättet wird, wenn sie durch die vielen Kufen allzu riffelig geworden ist.

Ihr Erfinder, der US-Amerikaner Frank Joseph Zamboni, hat die Maschine 1949 konstruiert. Seither schaffen motorbetriebene Fahrzeuge auf Kunsteisbahnen in wenigen Minuten, was zuvor mühsam von Hand erledigt werden musste. Sie hobeln die obere, unregelmäßig gewordene Eisschicht ab, bringen Waschwasser aufs Eis auf, das den restlichen Pulverschnee auflöst und Furchen ausspült, und verteilen anschließend warmes Wasser auf der Eisfläche. Das taut mit seiner höheren Temperatur die darunterliegende Eisschicht etwas an, sodass Alt und Neu gut miteinander verschmelzen können. Ein Wischtuch sorgt für die gleichmäßige Verteilung des warmen Wassers. Zuletzt heißt es dann: Bahn frei!

147.
Was verstehen Börsenexperten unter dem Begriff »Schwarzer Schwan«?

A: von der Wall Street ausgeschlossene Mitarbeiter

B: ein unvorhergesehenes und höchst unwahrscheinliches Ereignis

C: eine unangemeldete Kontrolle der Aufsichtsbehörde

B: ein unvorhergesehenes und höchst unwahrscheinliches Ereignis

Schwäne sind beliebte Symboltiere. Als Schwanenehe bezeichnet man zum Beispiel Ehen, die ein Leben lang halten – denn Schwäne sind einander über Jahre treu. In der Antike ziehen die Schwäne himmlische Wagen und zieren Schmuckstücke. Das verdanken sie ihrem graziösen Äußeren und ihrer schneeweißen Farbe. Was aber, wenn ein Schwan schwarz ist? Also immer schwarz, nicht nur ein hässliches Entlein, das zu einem schönen weißen Schwan heranwächst wie in dem Märchen von Andersen?

Tatsächlich gibt es schwarze Schwäne. Die einzigen fast völlig schwarzen sind die Trauerschwäne. Sie stammen aus Australien, es gibt sie mittlerweile aber auch in Deutschland. Bis die Trauerschwäne in Australien im 17. Jahrhundert entdeckt wurden, war man in Europa allerdings der Meinung, es gäbe nur weiße Schwäne. Weshalb der Buchautor und Börsenexperte Nassim Taleb das Bild des »Schwarzen Schwans« für Ereignisse in der Finanzwelt geprägt hat, die unvorhergesehen und außerhalb jeder Vorstellungskraft sind. »Schwarzer-Schwan«-Ereignisse, so erklärt er, sind extrem selten, sie haben schwere Folgen – und im Nachhinein sagt jeder, dass man sie hätte kommen sehen müssen. Logischerweise ist auch die Corona-Krise solch ein »Schwarzer Schwan«.

148.

**Warum sollte beim Kalken von
zu saurer Gartenerde auf Branntkalk
verzichtet werden?**

A: Die Erde wird zu zäh, und es kommt zu Staunässe.

B: Pflanzen und Kleinstlebewesen werden durch
Hitzebildung zerstört.

C: Der Branntkalk lockt Schnecken an.

B: Pflanzen und Kleinstlebewesen
werden durch Hitzebildung zerstört.

Kalk ist ein guter Freund des Gärtners. Wer seinen Garten einmal im Jahr kalkt, der wird belohnt: Kalk reguliert den Säuregehalt des Bodens, er erhöht den pH-Wert. Außerdem erleichtert er den Bodenlebewesen das Dasein. Das Ergebnis ist eine feinkrümelige und stabile Gartenerde. Überdies macht Kalk die Pflanzen stärker und widerstandsfähiger gegen Krankheiten.

Aber welcher Kalk ist der richtige? Manche Hobbygärtner greifen gern zu Branntkalk. Der wird tatsächlich als Düngemittel in der Landwirtschaft eingesetzt, um schwere Böden zu verbessern. Doch ansonsten ist dieser hochaggressive Kalk vor allem ein Kandidat für die Bauindustrie, wo er etwa zur Herstellung von Putz und Mörtel, Kalkfarben und Kalksandziegel dient. Im Garten hingegen wirkt er rabiat: Er kann Pflanzen und Kleinstlebewesen im Boden regelrecht verbrennen, denn er reagiert stark mit Gieß- und Regenwasser, indem er Hitze freisetzt. Deshalb raten Experten vor allem bei Rasen und bepflanzten Beeten von Branntkalk ab. Schonender sind zum Beispiel Gartenkalk, Algenkalk oder Kalkmergel.

149.

Welchen Trick wendet unser Gehirn an, damit wir uns schnell zwischen drei oder mehr Alternativen entscheiden?

A: Wir wählen nach dem Zufallsprinzip.

B: Aus Neugier wählen wir die unbekannteste Alternative.

C: Wir reduzieren unsere Auswahl schnell auf nur zwei Optionen.

C: Wir reduzieren unsere Auswahl schnell auf nur zwei Optionen.

Wenn wir die Wahl zwischen zwei Optionen haben, so wählen wir in der Regel diejenige aus, die uns vertrauter ist. Was aber, wenn wir mehr als zwei Möglichkeiten zur Auswahl haben? Psychologen der Universität Basel haben in Experimenten herausgefunden, wie unser Gehirn dann tickt: Es reduziert die vielen Möglichkeiten wieder auf – zwei! Und kann dann wie gehabt vorgehen und die vertrautere von beiden auswählen.

Die Forscher ließen ihre Versuchspersonen in mehreren Durchgängen zwischen drei verschiedenen Nahrungsmitteln wählen, die immer wieder ausgewechselt wurden. Dabei zeichneten sie die Augenbewegungen der Probanden auf, um deren Aufmerksamkeit für die einzelnen Optionen herauszubekommen. Schnell zeigte sich: Die Versuchspersonen beachteten nicht alle drei Nahrungsmittel gleichmäßig, sondern sortierten zunächst eines aus, um sich dann zwischen den beiden übrigen zu entscheiden. Je leichter es ihnen fiel, eine Option zu streichen, desto schneller trafen sie ihre anschließende Wahl. Die hing letztlich aber auch von den angebotenen Möglichkeiten und deren Verhältnis zueinander ab – im konkreten Fall zum Beispiel davon, wie gut die Nahrungsmittel zueinanderpassten.

150.
Gemäß dem Eötvös-Effekt sind Schiffe …?

A: in Richtung Osten leichter als in Richtung Westen

B: von Antwerpen doppelt so schnell in Portugal wie in Dänemark

C: in Wellentälern stabiler als auf Wellenbergen

A: in Richtung Osten leichter als in Richtung Westen

Er ist der Namensgeber einer Budapester Universität: Loránd (Roland) von Eötvös. Der ungarische Physiker lebte von 1848 bis 1919 und ist vor allem durch seine Forschungen über die Gravitation und das Magnetfeld der Erde bekannt geworden. 1894 war er kurzzeitig Kultus- und Bildungsminister, dadurch hatte er den Anspruch auf den Titel »Exzellenz«, auf den er auch Wert legte. Als ihn ein Prüfungskandidat versehentlich nur mit Professor anredete, meinte Eötvös, dann könne er ihn gleich Onkel Roland nennen.

Nach Eötvös sind mehrere Entdeckungen benannt, so etwa ein Mondkrater und ein Asteroid. Der Eötvös-Effekt beschreibt die Auswirkung von Fliehkräften auf ein sich bewegendes Objekt im Zusammenhang mit der Erdanziehungskraft. Ein Schiff etwa hat immer dieselbe Masse, es ist aber nicht immer gleich schwer. Denn das Gewicht eines Objekts wird nicht nur von der Masse und der Erdanziehung bestimmt, sondern auch von den Fliehkräften, die auf es wirken. Und die wiederum hängen mit der Erdrotation zusammen. Ein Schiff, das Richtung Osten fährt, ist leichter als eines, das in umgekehrter Richtung unterwegs ist. Der Grund: Richtung Osten bewegt es sich mit der Erdrotation, und dabei sind die Fliehkräfte stärker als bei einer Fahrt entgegen der Erdrotation.

151.

Warum sind Bienenwaben sechseckig?

A: Die Baubienen können das Wachs nur
in geraden Linien ziehen.

B: Die Heizerbienen lassen die Zellenform durch
Erhitzung entstehen.

C: Die Putzbienen arbeiten immer zu sechst
an einer Wabe.

B: Die Heizerbienen lassen die Zellenform durch Erhitzung entstehen.

Bienen sind nicht nur begnadete Tänzerinnen, wenn es um das Mitteilen ergiebiger Futtergebiete geht, sondern auch hervorragende Baumeisterinnen. Jede Wabenzelle entspricht einem exakten Sechseck mit einem Winkel von jeweils 120 Grad und hat gleichmäßige hauchdünne Wände. Früher vermutete man sogar ein mathematisches Geschick hinter der Wabenarchitektur, wohingegen sich inzwischen herausgestellt hat, dass eher ein mechanisches Phänomen vorliegt.

Das Geheimnis liegt in einer grandiosen Arbeitsteilung, kombiniert mit dem Faktor Wärme: Während die Baubiene eine neue, runde Wachszelle anlegt und den eigenen Körper als Schablone benutzt, sorgt die Heizerbiene im Zellinneren mit Flügelschlagen für eine Temperatur von circa 40 Grad. Die Folge: Das Wachs wird weich und verformt sich. Nun wird die Zelle von den Bienen in die Länge gezogen. Ein Vorgang, der die mechanische Spannung im Inneren der Zelle erhöht und die Zellwände nach außen presst. So passen sich die Wände an die zylindrische Form der bereits vorhandenen seitlichen Zellen perfekt an, und es entsteht die gleichmäßige sechseckige Struktur.

Auch wenn die nützlichen Insekten kein ausgeprägtes mathematisches Geschick oder architektonische Kenntnisse besitzen, stecken jede Menge Talente in ihnen. Vor allem der Faktor Teamwork und das unglaubliche Knowhow sind faszinierend.

152.

Seit der Etablierung von Streaming und MP3 ...?

A: hat sich die Ökobilanz der Musikverbreitung verschlechtert

B: konnte der Absatz von CD-Alben in Deutschland erhöht werden

C: verzichten Radiosender auf Altersunterschiede in der Quotenmessung

A: hat sich die Ökobilanz der Musikverbreitung verschlechtert

Weniger Tonträger ist gleich weniger Materialverbrauch ist gleich bessere Ökobilanz, sollte man meinen. Aber stimmt das wirklich? Eine Studie der Universitäten Oslo und Glasgow hat die ökologischen Kosten der Musikverbreitung am Beispiel der USA unter die Lupe genommen. Dabei stellte sich zwar heraus, dass der Plastikverbrauch stark abgenommen hat – kein Wunder, wenn weniger LPs, Musikkassetten und CDs hergestellt werden. Im Jahr 1977 zum Beispiel wurden 58 Millionen Kilogramm Plastik verarbeitet, im Jahr 2016 nur noch acht Millionen Kilogramm.

Dann aber rechneten die Forscher den Plastikverbrauch in CO_2-Ausstoß um. Und da zeigte sich: Zu den jeweiligen Spitzenzeiten der Plastik-Tonträger hat deren Materialverbrauch in den USA einen jährlichen Ausstoß von durchschnittlich 150 Millionen Kilogramm CO_2 verursacht. Um die CO_2-Bilanz fürs Streamen dagegenzustellen, nahmen die Forscher das Jahr 2016: Da ergab sich in den USA ein CO_2-Ausstoß von 200 Millionen Kilogramm – also 50 Millionen mehr! Allerdings haben die Forscher bei den Plastiktonträgern nicht die CO_2-Kosten für deren Herstellung und Vertrieb mit einbezogen und auch nicht die Umweltkosten für die Herstellung und den Verkauf der Abspielgeräte. Am generellen Endergebnis ändere das aber nichts, so die Wissenschaftler.

153.
Wird ein Estrich schwimmend verlegt, dann ...?

A: wird er stets flüssig aufgetragen, um Unebenheiten auszugleichen

B: ist er nicht mit der Rohdecke und den Wänden verbunden

C: enthält er bereits Dämmstoffe und ist weniger dick

B: ist er nicht mit der Rohdecke und den Wänden verbunden

Wollen Sie ein Haus bauen oder eine Wohnung renovieren, sind Sie plötzlich mit Begriffen konfrontiert, über die Sie sich bisher meist noch keine Gedanken gemacht haben. Zum Glück gibt es ja das Fachhandwerk, das sich in dem jeweiligen Metier bestens auskennt. Aber es schadet natürlich nicht, über zentrale Begrifflichkeiten selbst Bescheid zu wissen.

Der Estrich – das Wort kommt aus dem Althochdeutschen und bedeutet nichts anderes als Fußboden – hat in einem Gebäude eine wichtige Funktion. Denn er bildet die Grundlage für den späteren Bodenbelag. Aufgrund der jeweils unterschiedlichen Zusammensetzungen und Konstruktionsarten ist es wichtig, sich für die passende zu entscheiden.

Schwimmender Estrich wird auf einer Dämmschicht ausgebracht, die aus unterschiedlichen Lagen besteht. Da auch die angrenzenden Wände mit Dämmstreifen versehen werden, besteht zwischen der Rohdecke und den Wänden keine unmittelbare Verbindung. Diese horizontale und vertikale Beweglichkeit ist notwendig, um eine optimale Wärme- und Trittschalldämmung zu erreichen. Auch eine Fußbodenheizung kann in den Aufbau integriert werden. Wer sich intensiver mit der Thematik befassen möchte, findet alle Vorgaben und Werte in der Deutschen Industrienorm DIN 18560.

154.

Welcher Organismus kann bei Flugzeugen oder Sportbooten zu Problemen führen?

A: Kerosinpilz, der Treibstoffleitungen verstopft

B: Aluminiumalgen, die die Oberflächen aufrauen

C: Abgasviren, die giftige Dämpfe verursachen

A: Kerosinpilz, der Treibstoffleitungen verstopft

Er ist wirklich sehr flexibel und nicht wählerisch in Standortfragen: »Amorphotheca resinae« siedelt sich in der freien Natur gern unter Eiben an. Doch dieser Bodenpilz kann auch an Orten überleben, die komplett menschengemacht sind und mit Natur gar nichts mehr zu tun haben – zum Beispiel in Treibstofftanks von Flugzeugen oder Sportbooten, wie man seit den 1960er-Jahren weiß. Und da wird er mittlerweile zu einem echten Problem.

Der Pilz liebt n-Alkane, das sind Kohlenwasserstoffe. Aus ihnen bezieht er seine Energie und die nötigen Kohlenhydrate, um zu wachsen – wenn noch ein bisschen Wasser dabei ist, denn das braucht er dazu auch. Im Kerosin nun ist genügend Kohlenwasserstoff vorhanden, weshalb er sich häufig daran ansiedelt. Darum heißt dieser Pilz mittlerweile sogar Kerosinpilz oder auch Dieselpilz. Wenn er sich ausbreitet, entsteht eine Art Schleim, und der wiederum kann in Kerosintanks zu Verstopfungen in den Leitungen führen. Außerdem produziert der Pilz Fettsäuren, die die Treibstoffzufuhrsysteme korrodieren lassen. Besonders Sportboote, die mitunter lange Liegezeiten haben, sind hier gefährdet.

155.

Warum wird das @-Zeichen in Spanien und Frankreich als »Arroba« bezeichnet?

A: Arroba bedeutet einen zunehmenden Vollmond.

B: Arroba ist eine Kleinbärenart mit auffällig langen Armen.

C: »@« stand im 16. Jh. für die Maßeinheit Arroba.

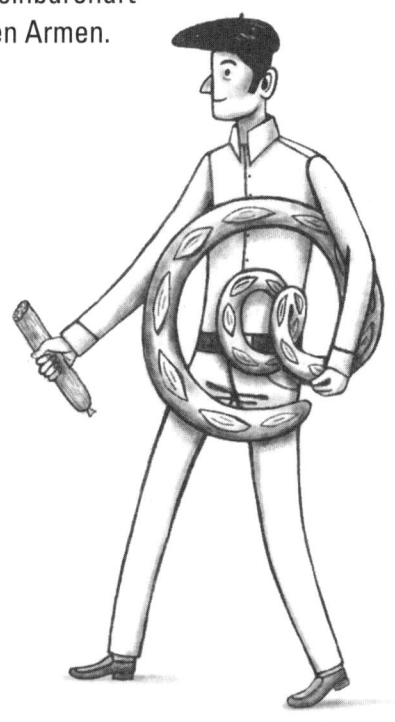

C: »@« stand im 16. Jh. für die Maßeinheit Arroba.

Als der amerikanische Informatiker Ray Tomlinson im Jahr 1971 im Begriff war, unsere Kommunikationswege auf eine digitale Ebene zu transferieren, entschied er sich für ein Symbol, das in den Vereinigten Staaten ursprünglich von Händlern benutzt wurde. Sie markierten damit den Einzelpreis eines Produktes, also 3 Artikel @ 2,95 Dollar. Das kleine a mit dem dem Uhrzeigersinn entgegenlaufenden Kringel fungiert seitdem in der E-Mail-Adresse als Trennsymbol zwischen Name und Internet-Domäne, grenzt also quasi Mensch und Maschine voneinander ab.

Die englische Bezeichnung »at« bedeutet im Deutschen »zu« oder »bei« und hat in vielen Ländern ganz unterschiedliche Namen. Ob Klammeraffe, Affenschwanz, Rüssel-A, Rose, Mäuschen, Miau (finnisch: miukumauku), Gelächter (englisch: laughter): Der Fantasie sind keine Grenzen gesetzt.

In Spanien und Frankreich hat das Symbol dagegen einen historischen Ursprung. Mit ihm wurde im 16. Jahrhundert die Maßeinheit Arroba gekennzeichnet, eine Messgröße für feste oder flüssige Stoffe. Je nach Gebiet gab es teilweise unterschiedliche Eichungen. Ein Arroba sind ungefähr 10 Kilogramm oder 15 Liter. Der Begriff selbst stammt aus dem Arabischen »ar-rub« und bedeutet »das Viertel«. Auch wenn »Arroba« heute als Maßeinheit kaum mehr verwendet wird, lebt die Bezeichnung im digitalen Sprachgebrauch garantiert auch in Zukunft weiter.

156.

**Warum ist der Erdboden
am Waldrand meist deutlich dunkler
als im Inneren des Waldes?**

A: Gerbstoffe aus Totholz verfärben den Boden.

B: Am Waldrand wird mehr CO_2 gebunden.

C: Baumwurzeln ziehen mit dem Wasser
Verunreinigungen an.

B: Am Waldrand wird mehr CO_2 gebunden.

Wälder spielen eine wichtige Rolle im Kampf gegen die stetig fortschreitende Klimaerwärmung, denn Bäume sind in der Lage, große Mengen an Kohlenstoffdioxid (CO_2) aufzunehmen. Wie viel CO_2 ein Baum bindet, hängt auch von seinem Standort ab. Das haben die beiden Biologen Pieter de Frenne und Kris Verheyen von der Universität in Gent (Brüssel) in ihrer Studie »Drivers of carbon stocks in forest edges across Europe« herausgefunden. Sie untersuchten auf 225 Flächen in neun Regionen Europas die oberen beiden Bodenschichten und stellten fest, dass in Waldrandlagen oft höhere Kohlenstoffvorräte sowie Stickstoffvorkommen im Boden enthalten sind. Durch die Randlage erhalten die Bäume mehr Licht, können eine intensivere Photosynthese betreiben und mehr Stickstoff aus der Luft filtern. Die Folge: Größere Mengen an CO_2 werden aufgenommen und in Kohlenhydrate umgewandelt, die der Baum für sein Wachstum benötigt. Sterben die Blätter oder Nadeln ab, bilden sie – zusammen mit sonstiger abgestorbener Biomasse – die oberste Bodenschicht, die sogenannte Streuauflage. Diese ist dadurch wesentlich dicker, und der Boden wirkt dunkler. Mikroorganismen zersetzen das organische Material, sodass der Kohlenstoff in der Erde wieder gebunden wird und zur Humusbildung beiträgt. Damit schließt sich der Kreislauf, denn die im Humus enthaltenen Nährstoffe sind essenziell für das Baum- und Pflanzenwachstum.

Noch mehr Ratespaß

Leseproben unter **www.heyne.de**

Marcus Weber
Judith Weber

Mit Physik die Welt erklärt! Eine Übersetzung aus dem Unverständlichen

Wissen Sie, warum wir beim Fahrradfahren immer Gegenwind haben und was wir dagegen tun können? Wieso die Kavitation Schiffe bremst, uns aber hilft, Gurkengläser zu öffnen? Ob Schwerkraft, Reibung oder Treibhauseffekt – physikalische Prinzipien machen unser ganzes Leben aus, ob uns das gefällt oder nicht. Judith und Marcus Weber erzählen humorvoll von Momenten, wo die Physik richtig nervt – und von solchen, wo sie hilft. Und sie verraten, wie wir es schaffen, uns physikalische Effekte zunutze zu machen. Denn mit den richtigen Tricks arbeitet die Physik für uns statt gegen uns – und der Gegenwind ist plötzlich gar nicht mehr so nervig.

978-3-453-60572-5